愛知の昭和30年代を歩く

溝口常俊 編著
Tsunetoshi Mizoguchi

風媒社

はじめに

時代別に町歩きを楽しむ風媒社の町歩きシリーズの第3冊目が本書の『愛知の昭和30年代を歩く』である。1冊目が「名古屋の江戸を歩く」、2冊目が「名古屋の明治を歩く」で、この両者との違いは、対象地を名古屋だけでなく、愛知県全体の主要都市に広げたことと、執筆者に身近な時代の見聞録であることである。

名古屋以外に紹介されているのが、渥美、田原、豊橋、蒲郡、岡崎、碧南、西尾、知多、尾張旭、瀬戸、犬山、一宮、津島であり、駅前繁華街、温泉、海水浴等々、当時の活気ある風景が楽しめる。

紹介する時代が江戸時代、明治時代であると、その名残を求めて現場に出かけることはできるが、その時代に身を置くことができない。例えば江戸時代の建物の前に立っても、その前の道はアスファルトで舗装されており、当時の土道・泥んこ道ではない。ところが昭和30年代となると、執筆者の多くが親近感をもって語ることができるという強みがある。

この昭和30年代は、戦後の混乱期を経て、所得倍増の高度経済成長

商店とビルと百貨店の立ち並ぶ広小路通。丸栄の看板が大きく見える（1959年）
（朝日新聞社編『名古屋』）

期に入った時期である。県民を元気づけたテレビ塔の建設と名古屋城天守閣の再建、購買意欲を高めた百貨店が出来、アーケード商店街も登場した。愛知ならではのモーニングサービス付きの喫茶店もこの時期に誕生した。

陶磁器産業とならんで繊維工業も活況を呈した。「ガチャマン」（機織り機で1回ガチャンと織れば1万円儲かった）という言葉を複数の著者が発しているように、とにかく景気が良かった。

ところが、浮かれてばかりは居られなかった大災害が1959年（昭和34）に発生した。日本史上最悪とも言われる伊勢湾台風が名古屋を中心とする愛知県を襲ったのである。この台風を機にオートバイ王国は衰退し、夕日の美しい衣浦温泉も姿を消すことになる。

復興、発展の陰で、消えていった遺産にも思いを寄せ、充実した昭和30年代の町歩きを楽しんでいただきたい。

溝口常俊

一杯飲み屋がずらりと並ぶ夜の広小路（1959年）
（朝日新聞社編『名古屋』）

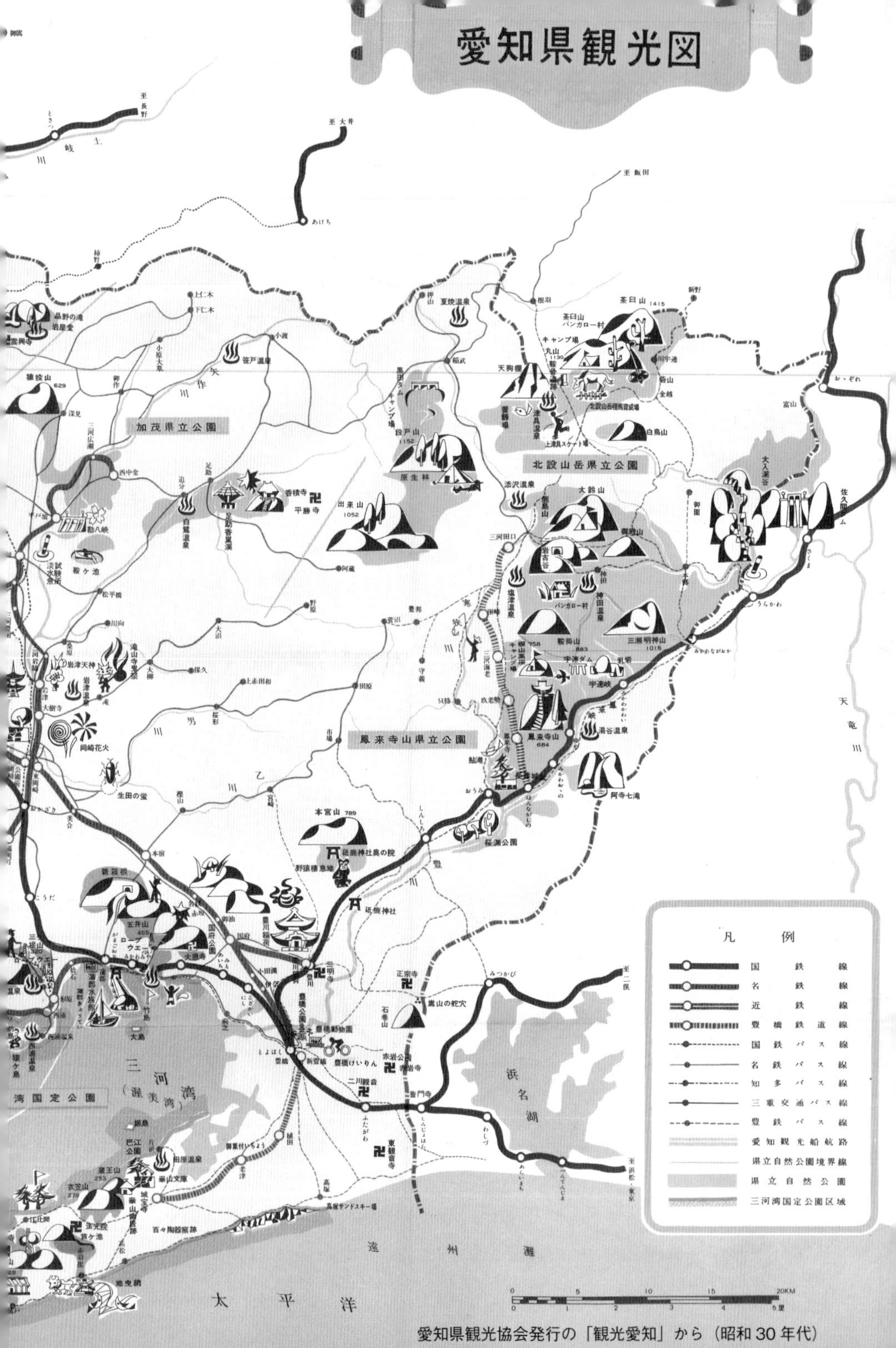

愛知県観光協会発行の「観光愛知」から（昭和30年代）

根山ロープウエー

内海海水浴場

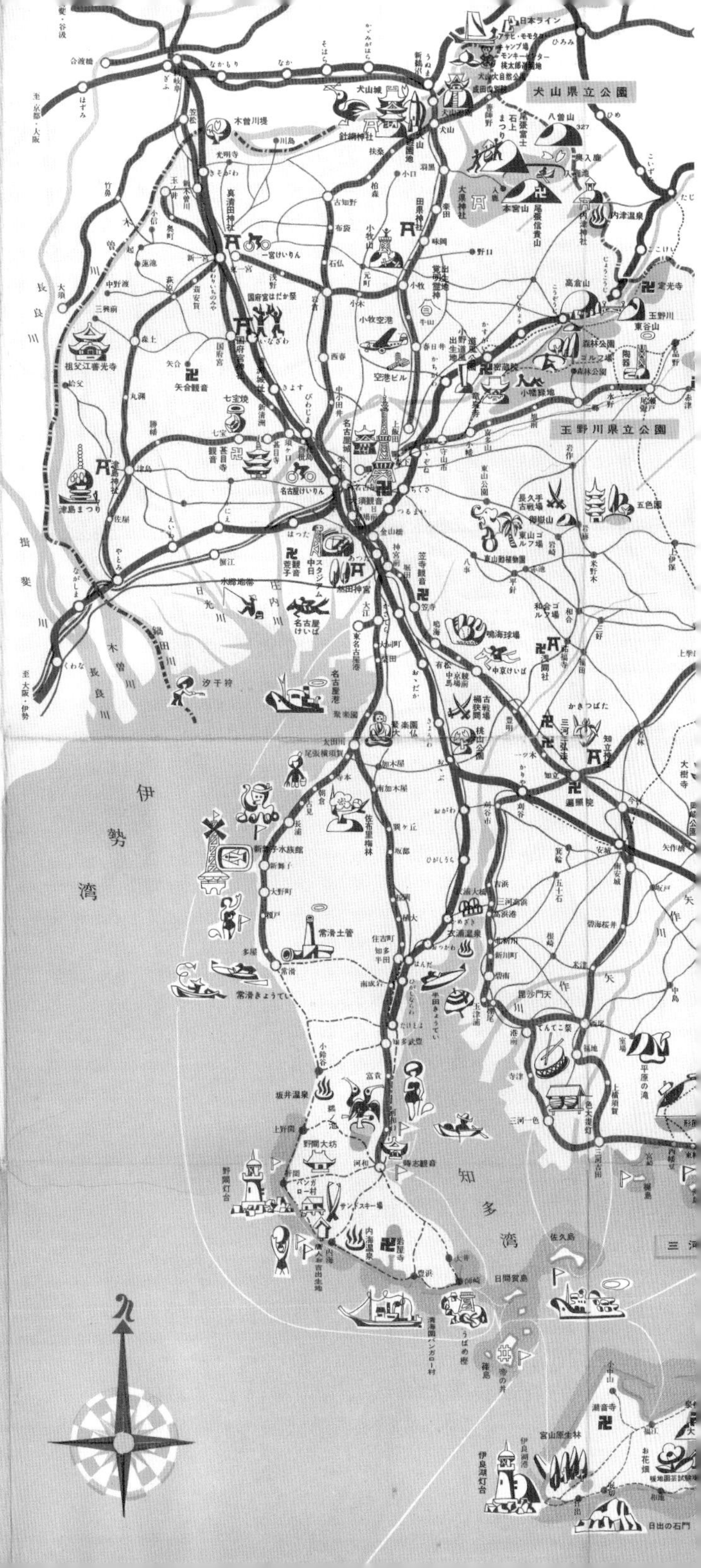

愛知県観光協会

［目次］

愛知の昭和30年代を歩く

第2章 焦土から高度成長へ――変わりゆくまちの風景……59

第5章 懐かしの昭和 …… 163

第1章

名古屋 あの街角へ タイムトリップ

「大名古屋」絵はがき表紙　近藤泰泉氏蔵

地図にみる名古屋の昭和30年代

明治時代に名古屋市が誕生してから数多くの名古屋市街図が出版されているが、ここでは第二次世界大戦終了後から復興して、高度経済成長期に入った1959年（昭和34）の「最新名古屋地図」（地学図書株式会社〔西区又穂町〕出版）を読み解いてみたい。当時の名古屋の景観を行政（区町村名）、地形（港湾、河川、丘陵地）、交通（鉄道、バス路線）、観光スポットに注目して、判読をおこなった。

名古屋市が誕生したのは1908年（明治41）で中区、東区、西区、南区の4区から成り立っていた（ただし、各区とも設置当時の区域から大きく変遷している）。図中には区の名前が太文字で記され、色別されているが、区の成立年がわかるように西暦を加えて示しなおした。市域が拡大したのは1937年で、新たに千種区、中村区、中川区、昭和区、熱田区、港区が加わり、その7年後の1944年に北区と瑞穂区が加わった。地図に載せられているのはこれらの12区であるが、その後も守山区と緑区が1963年に、名東区と天白区が1975年に加わり、現在に至っている。

守山区は当時守山市であり、緑区は鳴海町、名東区は千種区と昭和区の一部、天白区は昭和区の一部であった。この4区については図中のおおよその位置に追加記載しておいた。

名古屋市の地形は名古屋城から熱田神宮を南北に結ぶ堀川を境にして東が丘陵地、西が低湿地に2分され、市域の北部から西部そして南部へと流れる庄内川、東部から南部へと流れる天白川が代表河川である。市の中央部に大河川が流れていないのが、内外の大都市と違うところであるが、その代わりとしての人工河川である堀川、新堀川、中川運河が近世から現在に至るまでの都市形成に大きな役割を果たしてきた。これらいずれの河川も市の南部の伊勢湾に注い

「最新名古屋地図」（地学図書、1959年）の表紙

最新名古屋地図

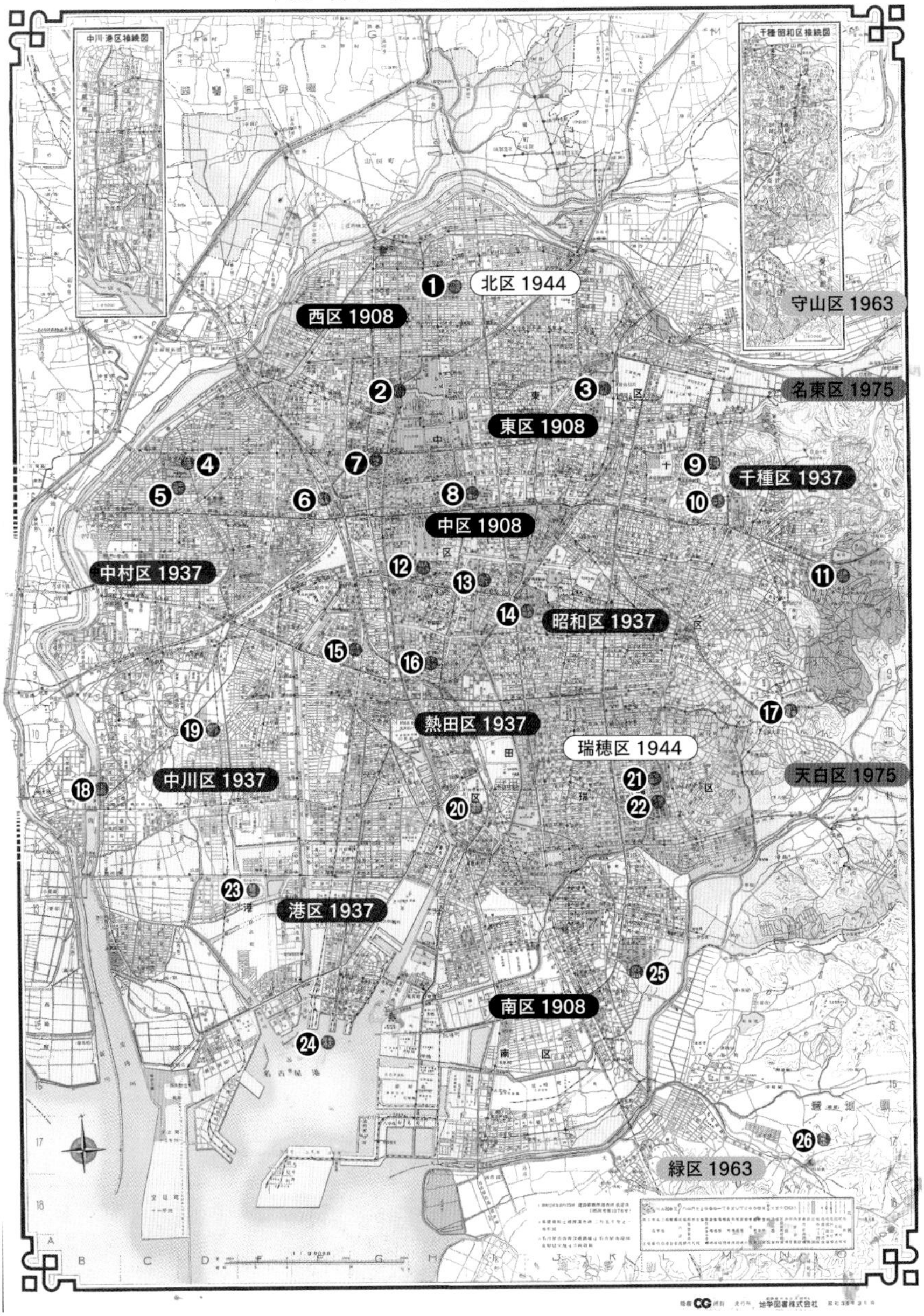

「最新名古屋地図」

↑地図上に赤字で示された観光スポット（地図上の黒番号に対応）
❶志賀公園、❷名古屋城、❸徳川園、❹競輪場、❺中村公園、❻名古屋駅、❼円頓寺、❽テレビ塔、❾市営プール、❿覚王山、⓫東山公園、⓬大須観音、⓭商工会議所、⓮鶴舞公園、⓯中日球場、⓰金山体育館、⓱八事遊園地、⓲松蔭公園、⓳荒子観音、⓴熱田神宮、㉑萩山公園、㉒瑞穂グランド、㉓競馬場、㉔名古屋港、㉕笠寺観音、㉖競馬場

でおり、名古屋は日本を代表する港湾都市でもあった。また、この地図で注目すべき記載は、東部丘陵地の至る所に土砂崩れマークが描かれていることで、最近示されるようになったハザードマップにもなっている点である。

交通に関して、鉄道では国鉄（1987年以降JR）の東海道本線が市の北西部から南東部へ抜け、中央本線が図中の❻（名古屋駅）から南下し⓰（金山）でUターンして⓮（鶴舞）を通り北東の信州方面へ延びている。関西本線は中村区と中川区の境界にそって大阪、伊勢方面に向かっている。町（名古屋駅）と港を結ぶ路線として西臨港線（現在のあおなみ線）と東臨港線があり、白鳥の貯木場まで延びる線もあった（1978年廃止）。私鉄として名古屋鉄道、近畿日本鉄道の主要路線は現在も走っているが、その中で名鉄瀬戸線が1978年に栄町に乗り入れた際に廃止されたお濠区間が本地図に示されており、瀬戸の陶器が終点の堀川まで運ばれたことを思い浮かばせてくれる。

バス路線に関しては赤線で記されており、全区に隈なく引かれていることがわかる。現在の全路線のバス停名については『名古屋ご近所さんぽ』（風媒社、2021年）で触れておいたので、そちらをご覧いただきたい。名古屋の交通を他の都市と比べてスムーズにしているのがその道の広さである。戦後復興の象徴ともいえる100メートル道路が名古屋市街地に東西線として図中の⓬に、南北線として図中の❽を通って設けられている。

観光スポットといってもよかろう26地点が赤丸で描かれている。その丸の中に地名・施設名が書かれているが、拡大しないと判読できないので、赤丸印の左に番号を付けて地図上に示したが、これらを一覧すると、公園、プール、グランドと共に競輪・競馬場が出てくる。地図製作者の意向であろうか、昭和30年代の高度経済成長期初期に、市民に運動と賭け事を奨励しているように見受けられる。

（溝口常俊）

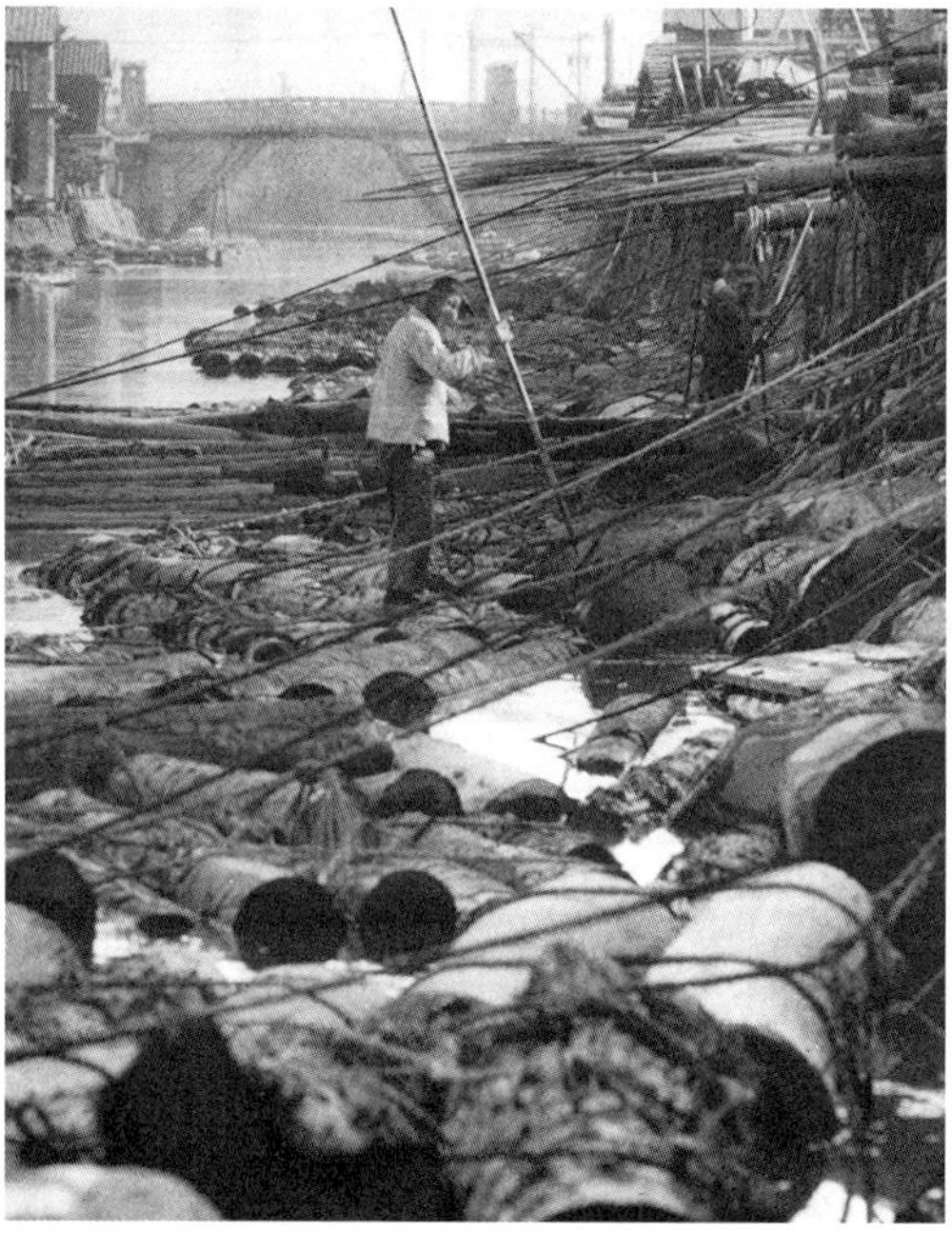
堀川運河の貯木場
（朝日新聞社編『名古屋』1959年）

【拡大図 1】二つのアメリカ村

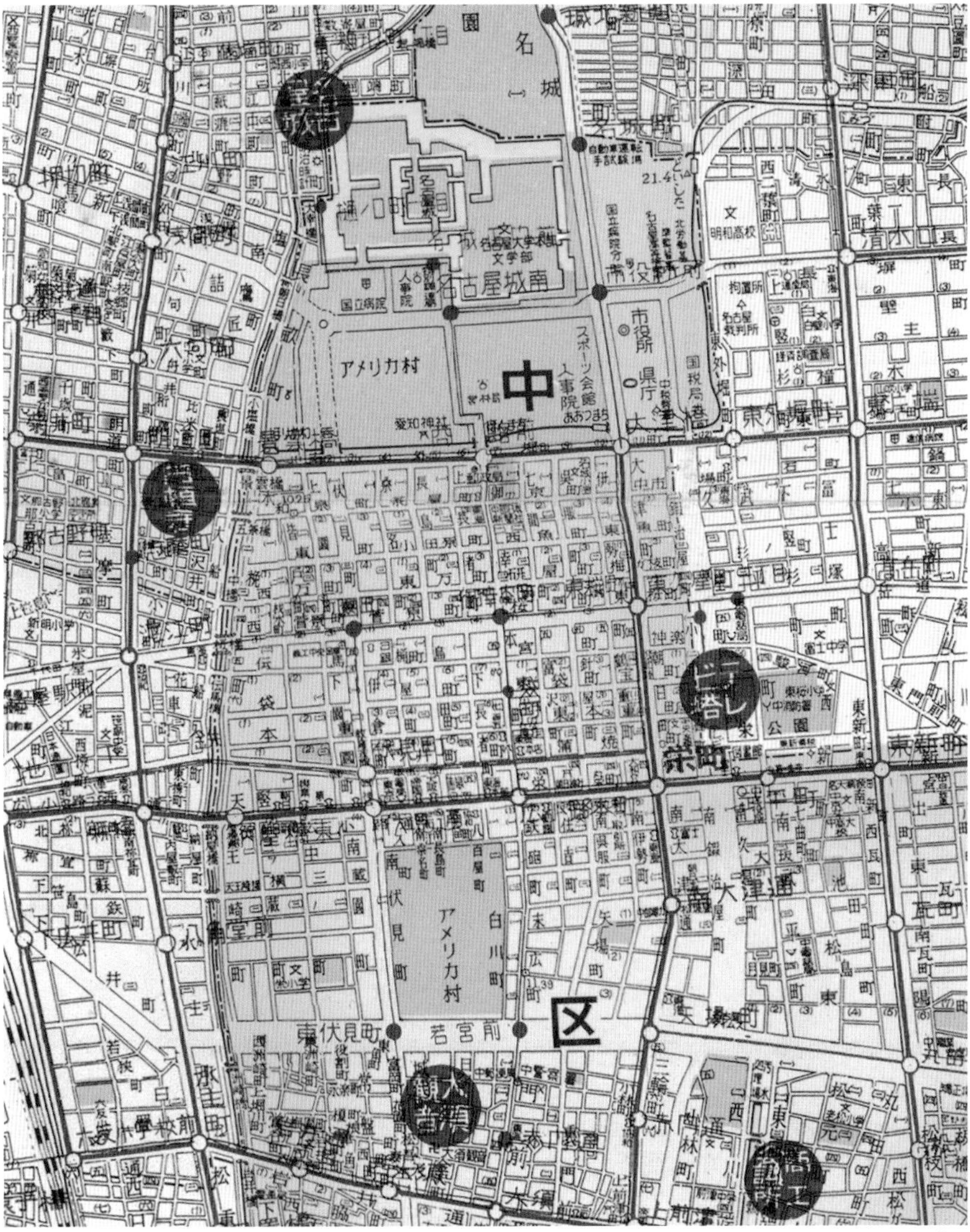

戦後の復興にあたって、アメリカ進駐軍の尽力は大きかった。その影響力は地図上の 2 カ所に記された「アメリカ村」よって想起される。一つは名古屋城の三の丸、もう一つは大須観音北の 100 メートル道路（若宮大通）に沿って設けられていた。その詳細については本書の 62 ページ記載。

地図が発行された 1959 年の前年に進駐軍の接収が解除され廃村となったので、この年から独立した都市開発が始まったともいえよう。

その跡地がどうなったかというと、三の丸では裁判所と名城病院に、大須北の地は市の科学館・美術館を有した白川公園に生まれ変わった。

【拡大図 2】大運河計画と白鳥の貯木場

名古屋市街地は運河によって形成されたといってもよかろう。江戸時代の初めに城と港を結ぶ堀川が掘削され、明治時代末に熱田神宮の東を北上する新堀川ができ、1930 年に笹島貨物駅と港を結ぶ中川運河が竣工した。

これら南北に走る３運河だけでなく、中川運河と堀川、それに市の西部を流れる荒子川をつなぐ東西の運河を造ろうという大運河計画があり、その建設途上の水路が 1959 年の名古屋地図に描かれている。完成には至らなかったが、現在でも中川運河のいろは橋に立てば東西運河が見渡せる。

さて運河での最大運搬物と言えば、伊勢湾から多くは筏に組んで運ばれた材木である。その集積場となったのが熱田神宮西の堀川に設けられた白鳥の貯木場である。地図上に大きく描かれている（図に赤字で加筆）。1959 年の伊勢湾台風によってあふれ出た大量の木材が多くの人の命を奪ったことは、マイナスのイメージとはなるが、災害対策のためにも忘れてはならない。

この白鳥貯木場はその後埋め立てられ、名古屋国際会議場、名古屋学院大学のある文教地区に生まれ変わった。

【拡大図3】平和公園の大集団墓地

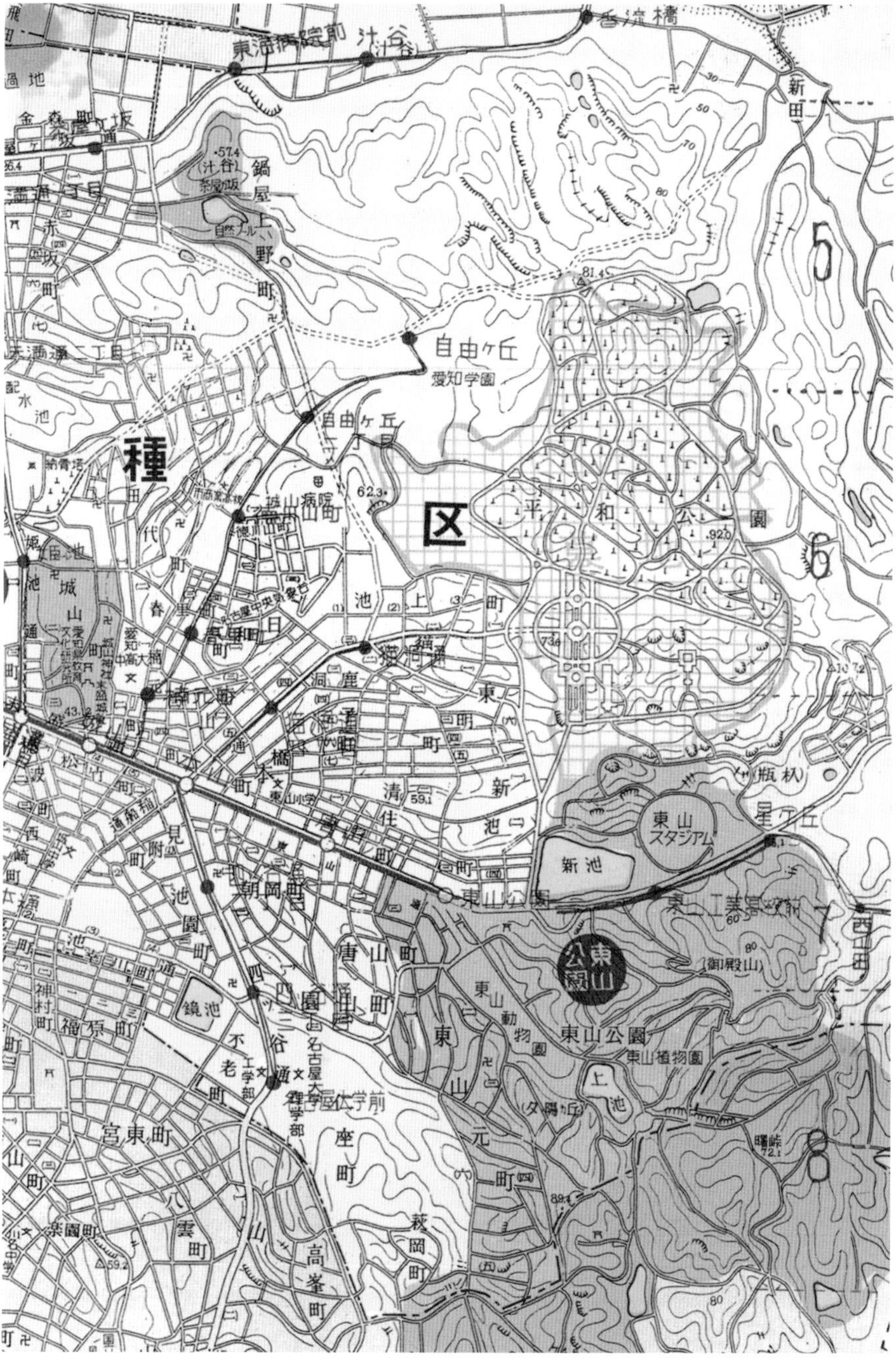

名古屋は全国でも寺の多い町であるが、戦後復興の市街地確保のため多くの寺の墓地が千種区北部の丘陵地に移された。1959年の地図に多数の墓記号(⊥)が載せられている。
1959年に墓碑の移転が完了し、平和公園として、市民の祈りと憩いの空間に生まれ変わった。
平和公園誕生については本書82ページに詳しい。

栄町

（「名古屋タイムズ」1957年3月1日）

もしも――の話である。栄町に口がきけたら〝名古屋の顔〟はその魅惑的なヒトミにチョッと憂いを漂わせて、こう訴えるかも知れない。このごろ三十娘を見るとっても憂うつになることがあるの。だって、そうでしょ。わたしってつい二、三年前までは名古屋で一番の美人だった。ところがどう？名古屋の駅前にチョッと小ぎれいで若い子ができたら、だんだんとそっちへいっちゃうじゃないあない。そりゃあ、まだまだわたしの魅力を愛してくれる人もずい分といるわ。オリエンタル中村の前なんかそうよ。

銀座でいうなら四丁目、服部の時計台なんかを気取っちゃって夕方はもう満員。若い男女から色つやのよい〝抵抗族〟まで、広くもないウィンドウガラスの中へ入込んじゃって、眼ばかりキョロキョロはちょうど金魚バチの出目金みたいだけど、楽しさがあふれているわ。もし、大時計はコトコトとリズムに乗って秒を刻んだら、みんな踊り出しかねないくらい期待でみちみちてる。

中には伝言板に〝一時間も待ちました。あきらめて帰ります。あすはきっとお電話下さいね。美津子〟――悲しみをチビッた鉛筆にのせて帰る乙女の感傷もあるわ。でも少い。大抵のカップルは腕こそ組まないけど、肩を寄せ合い、楽しく語らいながら、喫茶店へ、映画館へ、また薄暗い恋の小路へネオンの灯影をくぐっていく。小さいけど、ものすごく張りきったボーイさんのいるニュウ・ボーン

絵＝加藤金一郎

＊1957年3月1日から20日までの連載（20回）から順不同で6回分を紹介する

も、ほの暗い地下のプランタンも、明るすぎるくらいの栄町センターも、おいしいバナナジュースが自慢のラックもみんな、この時刻は満員。そして、そこでみんなわたしの美しさをいとしんでいてくれる。——うれしいわ。でも、それは夜だけ。一夜あけるときまってもの悲しい、寂しさに襲われるの。そう。わたしの顔に絆創膏でもはったみたいな〝看板の街〟よ。

西北の角はまだいい。日本生命の空地こそ〝大和ビルが返還になって社屋に困らない〟とか〝ビルを建てても貸室の借り手が…… …〟とかいってまだ、しばらくは遊ばせておくつもりらしいけど、その隣のうす汚い赤レンガの大和銀行は消えることになった。そして木造のタチソウ、平和園、雀おどり、伊勢屋、松寿園、十五屋をのみ込んで大きな店舗付大和銀行ビルが建つことに決ったから…。

西南の角もまだいいわ。大きな丸栄の前に古びた松坂屋栄町店のしなびた格好は一張らの背広に腹掛のドンブリをしたみたいでチョッとこっけい。これが〝いまの栄町の姿よ〟といわれると寂しいけど、足掛三年、しめっぱなしの野々部時計店に不二家が入って近く開店と聞けば、少しは辛抱できる。

だが東北を見ると、もうたまらないの。日銀の赤レンガが取り払われてから何年になる？もう四年以上よ。だのに、ちっとも進歩がないじゃないの。それればかりじゃあないわ。

五百五十一坪七号二勺の土地をめぐって市が貿易館を建ててくれるのか、と思ったら名古屋店と引きかえに松坂屋がビルを建てる、といい鉄筋七階建の中小企業者デパートが建つのか、と思ったら近ごろは中部観光の山田泰吉社長が店舗付アパートの建設にえらい乗り気で日本住宅公団にお百度を踏んだり、さては大野伴睦を仲に介して日本石油会長鮎川義介に出馬のわたりをつけているとか。そうかと思えば、この土地のまわりでは松坂屋が大阪の川上土地を使い、千余坪の土地にジワジワと真綿戦法〝将を射んと欲すればまず馬を射よ〟の格言を地でいったり、ニュートーキョー栄町店と名古屋の素封家八木富三氏が立退き問題で裁判争いをしたり、全くもつれた糸みたい。うわさはうわさを呼んでこのごろは八木富三氏が死んで両者の話合いも軌道にのり、結局は八木方の背景、松坂屋の真綿戦法に軍配があがるのではないかとかまた市当局も五百五十一坪七合二勺、坪百万円もする土地を持ちかねて競売にしたい、といっているとか。

さっぱり判らない。考えれば考

再録・名古屋タイムズ連載「盛り場の眼」

えるほど頭が痛くなるわ。だけどね。これだけは本当よ。こんな大きな〝絆創膏〟のおかげでみんなわたしに寄りつかなくなるってこと。そりゃあ、ことしの十二月一日には地下鉄がわたしの足元まで走ります。それと一緒に三十六の美しい店を持った地下街ができ近き将来には地下鉄の栄町駅とオリエンタル中村、丸栄を結ぶきれいな地下道をつくろうと市も積極的だそうです。いわばわたしにとっては〝埋没療法〟少々痛いけど久しぶりの楽しみです。

でもネ。それだけじゃあ?——わたしがテレビ塔というアクセサリーをつけ、オリエンタル中村や丸栄でどんなに美しく化粧しても〝整形手術〟をしなくては、若くてどんどん美しくなっていく駅前の子にはかないません。恋人をとられるだけでしょ。だから三十娘の寂しさも他人事ではないのよ。

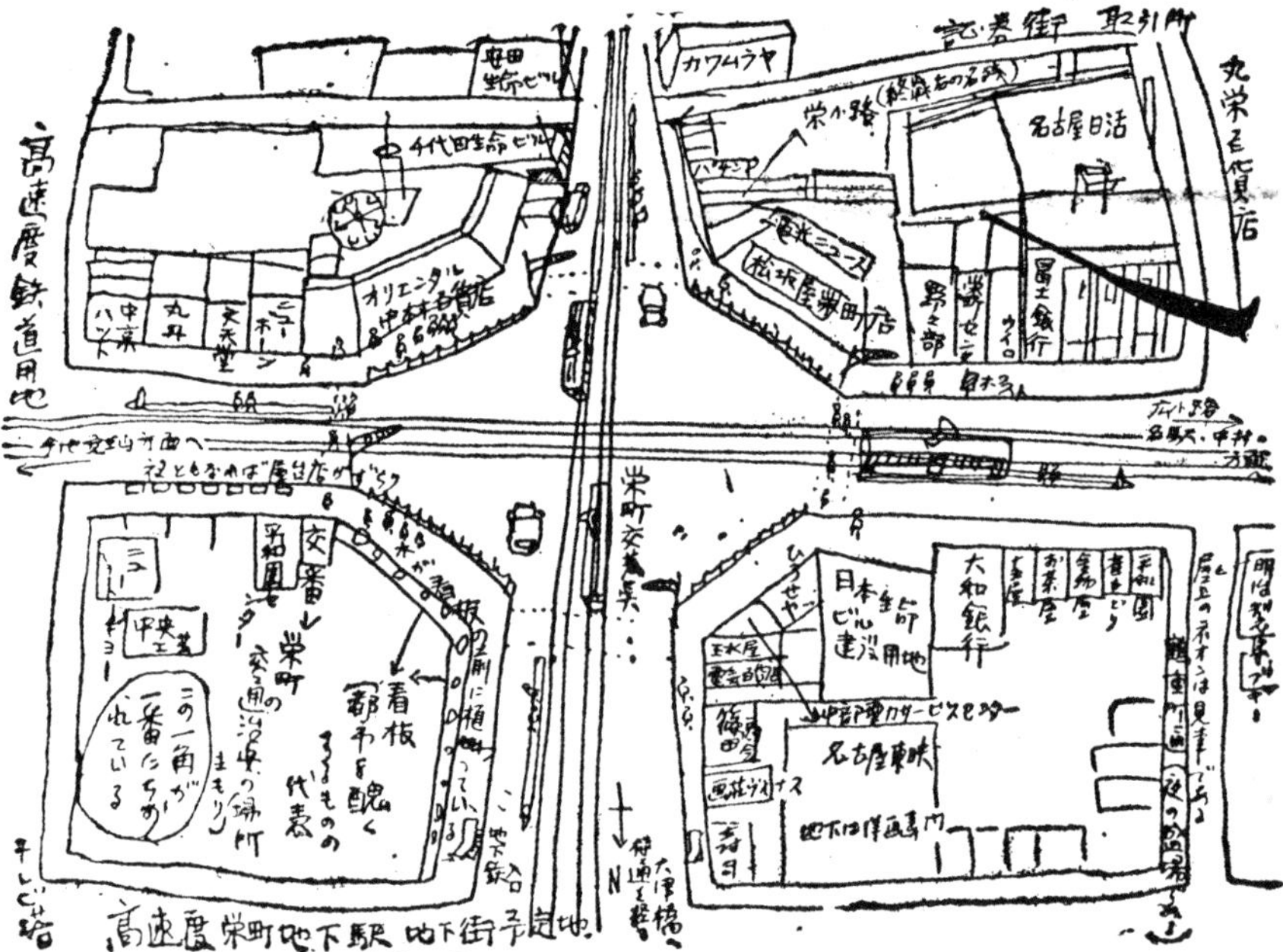

絵＝加藤金一郎

大須（「名古屋タイムズ」1957年3月17日）

〝ダンナ、よってらっしゃい〟名楽園あたりの遣手ババアの声じゃないですゾ。万松寺通りの真ん中を南に折れて「自由通り」に入ったら途端にこの声――。まずは大須名物首つり洋服横丁のご紹介といこう。

　数十本、いや数百本のズボンが道まではみ出し洋服屋が十三軒、狭い道をはさんでバラックのツラを並べている。まさに洋服の人海戦術。そのまけっぷりやものすごしと聞いて入ったら、火バチを抱えふるえていたエプロン姿のオバさん、相好崩して寄ってきた〝上着ですか〟〝ウン〟〝これなんか、いかがで〟一万六千五百円也の三つぞろい〝高いなあ〟〝はあー。でもこの正札は注文仕立てをする、としたらの値が書いてあるんでして、九千五百円まで勉強させてもらいます〟〝もっと、まからんかな〟〝そうですネエ。でもヨー。万松寺通りの大きなお店をのぞいてみやあせ、一万二、三千円はとられるぜえも〟念のため、もう一度、正札を見たら黄色の紙に黒字で一万六千五百円。その隣に赤インキの小さい字で「フカエ」〝これ、なんの符牒ですか〟〝値段です。そこまでは客のいいなりにまけてもいいことになっとるんです〟〝じゃ、もっとたたけますネ〟〝……〟おばさん、買ってくれるなら、の表情。自由通りから北へ、万松寺通りを渡ったら「洋服銀座」店は五軒でやっぱり〝ダンナ、見るだけ、見てってチョー〟…だからです、大須は正札がなかなか守りきれんのです――。

　赤門通りは表に〝衣類なんでも買います〟の看板をゴテゴテと並べた「米兵」のダンナが〝大須の悩み〟を訴える。なにしろ、大須のお客は〝たたく〟ことが大好き。一個十円なりの納屋橋まんじゅうまで値切ったり、さては映画館、十五、六人も団体?で押しかけ〝割引しろ〟はまだいい方にして

絵＝加藤金一郎

再録・名古屋タイムズ連載「盛り場の眼」

閉館三十分前、モギリ嬢の前にがん張りながら〝十円で入れろ、でなきゃあ、二十円でどうだ〟だからかなわない。散々、ねばってまけてくれなきゃ、買わない。買わないからまける。まけるから掛け値をして帳ジリを合せる。かくて大須は掛け値の街。ベラボウな掛け値にお客もつい敬遠してデパートへ。

　要するにですなあ、と米兵のダンナ、古着をひっくり返しながら言葉をついで——たたけばまかる、ということは商品の信用を失うこと。わたしんとこも、それじゃあ、いかんと大須ではじめて正札厳守を励行しましたがとうとう客に敬遠されて矢場町の店を一軒、つぶしちゃった。それであきらめたら、すべてジ・エンドとなったでしょうが女店員まで〝まけるとクビだぞ〟とがん張って七年間。はじめの三年間はずい分苦しかったがこのごろじゃあお客さんの信用で売上げは去年の二倍。大須だって正札を守って勉強すれば三年間に売上げは倍に伸びるにきまってます。お節ごもっとも。

　安くて絶対に正札をきらぬ質流れの質屋会館や古着屋が繁盛する〝イビツな大須〟さてこそと、大須の全商店街ここ二、三年前から〝正札厳守〟に本腰を入れて戦っているが——。近ごろ、大須のトピック・ニュースといえば、なんてったって万松寺通りのアーケード。全長三百八十メートル、高さ廿八尺。総工費三千百万円の日米式開閉はまさに東海第一。この十八日が完工式なんだそうだが、高さ四十尺、松と金のシャチをあしらった、これまた見事な大アーチをくぐった観音もうでのいなかのばあさん、腰をのばして〝あーれ、温室みたいじゃ〟ところがこの温室、造花の桜は満開だがチョッと寒すぎる。

　ハアーテ?と思ったら人通りが少なすぎる。丸栄、オリエンタル中村の増築、名鉄百貨店のおかげで客足を栄町や名駅前に取られちゃった。昔の夢にアグラをかきすぎた。そこで、この打開策は?と聞いたら会長さんで納屋橋饅頭のオヤジさん、ハゲ頭をツルリと

絵＝加藤金一郎

なぜておっしゃった。夢は横の専門店デパート。高級で安い商品を並べて大須でなければの客をつかむこと。万松寺はよくなりますゾ――店舗百二十四軒。うち半分が呉服屋に洋服屋の商店街万松寺、やっぱり一番活気がある。それも、一年来のこと。この機、逃すべからずとどだい張切っとる。寄席、映画館を網らした娯楽の殿堂をつくり、高速度南北線が出きたら地下街も建てよう――てな調子。外に出たらアーケードが鈍い冬の陽を通して、天井から、やたらに看板がぶらさがっていた。いわく〝暖い街〟〝明るい商店街〟――眠れる万松寺はようやく生気をとりもどしたようだ。

　盛り場大須の代表は新天地通り。映画館が五つも並んでいる。万松寺日活、名劇、大須大映、赤門コニーの封切館に五十五円の日活シネマと芝居の黄花園。

新天地通りを南へ。万松寺通りを渡りきると夜の大須の代表、〝青線地帯〟文珠通りから仁王門小路にかけて約三十軒の飲み屋がずらり売春防止法に備えて去年の七月オールバーに転向。だが女のアルバイトは相も変らず。根こそぎの転向というわけにはいかぬようだ。

絵＝加藤金一郎

再録・名古屋タイムズ連載「盛り場の眼」

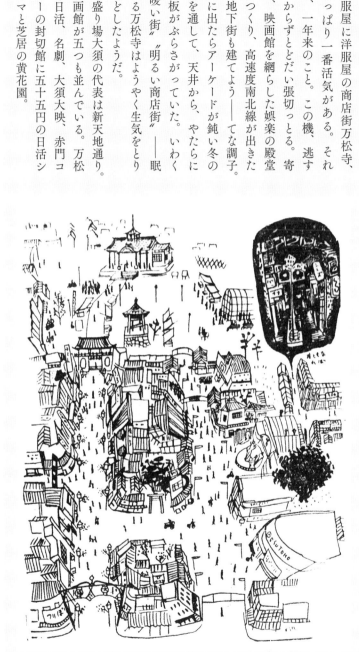

納屋橋（「名古屋タイムズ」1957年3月3日）

パーッ、とにぎやかな話しからいこう、と飛び込んだところがグリーン・ビルを北に曲ったカマめしの元祖「角屋」――。

五九童、蝶々と寄席芸人の写真やサインをズラリ、壁に並べたところはさすが劇場街のめし屋。ここの主人名宝劇場かいわいを愛すること、サイノロのごとく、兵隊にとられる前夜は栄町から納屋橋まで広小路の両側を歩いて歩道のマスを勘定したオヤジだ――。

名宝界わいは名古屋のオヘソである。名宝劇場、なごや東宝、名宝文化劇場、スカラ座、納屋橋劇場、朝日会館、ミリオン座。納屋橋をわたって富士劇場にミュージックホール中央劇場。東にかえって御園座、CNC劇場、合せて十一、人がなんといおうと中部日本第一の興行街。その道のメッカ。名古屋のオヘソですよ。だが名古屋はオヘソで息をしてた――と、気張ったところではじまらない。それも二年前ごろの話だから。

例えば、だ。堀川におっこちそうな中央劇場。昔はずい分花やかだった。進駐軍のキャバレーから出発して日本人用キャバレー、新東宝封切館。だが去年のはじめからいけない。東映の二番館におちていまはヌードのバラエティ・シアター。鼻下長族をねらうにしても昔のような花やかさがなく建物も古びて汚れが目立つありさまだ。納屋橋劇場もその通り。最盛期の洋画封切館時代には押すな押すなで入場を待つ人たちが広小路まで三列、四列の行列をつくっていたのに一昨年の十二月からは場末と同じ〝五十五円館〟結局は、だ。いくらお化粧したってシワのかくせないおばあちゃんみたいなもの。朝日会館もグランドとはり合って不景気続きならピカデリーの対抗馬ミリオンもご同様。斯界の大先輩名宝劇場もチャンピオンベルトの色があせ富士劇場もグレース・松原、ジプシー・ローズの〝登竜門はここなり〟と肩をそびやかしたって近ごろはどうもネエ？てな具合で、劇場におんぶした寄生虫的存在、界わいの飲食街もチョッと下火。納屋橋の下から名宝朝日ビルをみたところはまさに情緒てんめん。赤いぼんぼりが河面にゆらいで、吹く風も春の足音を運んでくる――といいたいが川はドブ川。ネオンの下にあふれ出た人の数も昔日の半分、みんな駅前へ、栄町へと流れて〃寄生虫的存在〃は素通り。あーあ、寂しいこと。夢よ、もう一度の期待もミリオンが〃ローマの休日〃以来パッとせず、頼みの綱の名宝も〃蜘蛛巣城〃で線香花火をあげたっきりではネエー。

「角屋」のとなりが「クロイゾン」――二十余名の女給さんはオール・ベッピンぞろいだが会員制、名古屋財界の巨頭連がもっぱらおしのびでご愛用。われら平民はチョッと近寄れんとあっては素通りのほかなし。また後日の機会にゆずるとして次がクロイゾン経営の民芸の店「八雲」お隣りのABC会館はダンスホールとレストラン。踊りつかれた若い男女が二人、薄暗い街灯のかげでボソボソささやきあっていた。いこか、もどろか、の相談かな？〃春―春のような……〃宝探しみたいに左へ曲って砂糖会館。そのつき当りが高級中華レストラン・フラミンゴ――こんなところにこんな建物があろうとはうかつな話。やっと〃希望〃にぶつかった。

砂糖会館の地下にはバーパイ一屋が五軒も店を並べて、追はぎの出そうなこの道もチョッとにぎやか。これで高速度道路でもできればもっとよくなる。パイ一屋のおかみの気勢は当るべからず。ほのかな街灯に照らされた「フラミンゴ」は幻想的。高級車がすーっと止った。芸者連れ。いいカモをつかめば帰りはここよ、は、あるキャバレーの女給の話。（以下略）

絵＝上原欽二

再録・名古屋タイムズ連載「盛り場の眼」

円頓寺（「名古屋タイムズ」1957年3月10日）

五条橋が心斎橋なら、家具の「丸一」時計の「オンダ」「三徳堂」メガネの「日進堂」洋品の「イトウ」はきものの「野田仙」洋服の「野崎」「日の丸」名物太閤もなかの「えびすや」円頓寺芸者のきれいどころもチョクチョクご愛用の老舗喫茶「西アサヒ」にホットケーキがご自慢の喫茶「モカ」月三回、コロッケの特価日ともなれば延々長ダの列の肉屋「丸小」「偕楽亭」等々、大きな店舗を構えた有名店が八十五軒。赤い灯、青い灯チラチラは浪花小唄の心斎筋。ヌード写真と細い入口が看板のヌード寄席「カイケイ座」とのぼりはためく「豊富館」二つ並んだところが浅草で、おでん屋にぜんざい屋、一歩裏にまわって四十軒の飲み屋、小料理屋に十三軒の温泉ホテルとそろったところは円頓寺の鬼子母神、金比羅さんもあって法善寺横丁。約十軒の芸妓置屋に待合、料亭、カフェー二十八軒。弁慶湯から首おしろいの芸妓さんが湯オケを抱えてカラコロ。ハダのかおり?をプーンとただよわすところは宗右ヱ門町――というとバカに景気はいいがどいつもこいつも一パーセントチョッピリの〝器用貧乏〟あちらをたてればこちらがたたずで〝衰頓寺通り〟。近ごろはとみに賑わないらしい。

まず〝心斎橋筋〟――ここのお人は名駅前が目の上のアダらしい。名鉄百貨店の包装紙でノイローゼにかかり、去年の九月、百貨店売場反対総けっ起大会には赤い帽子にネジリはち巻。九尺に六尺の大旗を追っ立て観光バス二台に分乗して市公会堂に乗込んだ。大いにヤジリ大いにブチ、赤旗のきらいなオジさんたちもこのときばかりは例外中の例外。名鉄百貨店の時間延長、休日返上をやっと食いとめてヤレヤレ、と思ったのも束の間、西円頓寺通りのオカミさん連、名鉄百貨店は安いとばかり、晩メシのおかずを買いに走って足もとに火がついた。それもどうにか押えて今度こそはまあ、大丈夫と思ったら大事なお客の新道菓子問屋街は神武以来の不景気でとんだとばっちり。どうもいけません。そこで会長さんはいいました。魅力がなくちゃあ、いけない。今年中には立派なアーケード建設にとりかかってみせる。一昨年六月から積立てをはじめて工費二千万円。

できれば魅力だ。
それから、駅前の客をひきつけるにはやっぱり道路。名駅前から西円頓寺、円頓寺本通り、そしてこの円頓寺通り五条橋を通って名古屋城を結ぶ〝名城通り〟を建設して世界的に?に宣伝する。それだけではまだまだ。

放送局跡に立派な団体宿舎を建てて観光客を呼び、店舗はやがて西公設に建った五階建店舗付大デパートのようにする。これはヒットでして、四十七世帯が入って、一ヵ町ふえたようなものだ。チョッと失礼して「カイケイ座」へ。薄暗い客席に入ったら名代のコマ劇場は満員、といっても階下は百五十席ポッキリで一番うしろからでもバタフライに手がとどきそう。折から舞台はスネークの真最中、満場カタズをのんで一点ギョウ視。エラク静かですなあ——といったら柔道の猛者みたいなM氏、売店で落花生を袋に詰めながらカイケイ座景気をトウトウ?と一席——。

多いのは中年紳士で得意先は市役所に県庁。高級車を乗りつけて運転手と一緒にお忍びの重役さんもある。舞台のスソにフロがあって女の子が日に三回、全裸に湯上りタオルをまとって入ったのが人気の出たもと。去年の十二月、改装のため、二週間休館したときなんか、問合せしきりだった。大体常連が多くて好きな

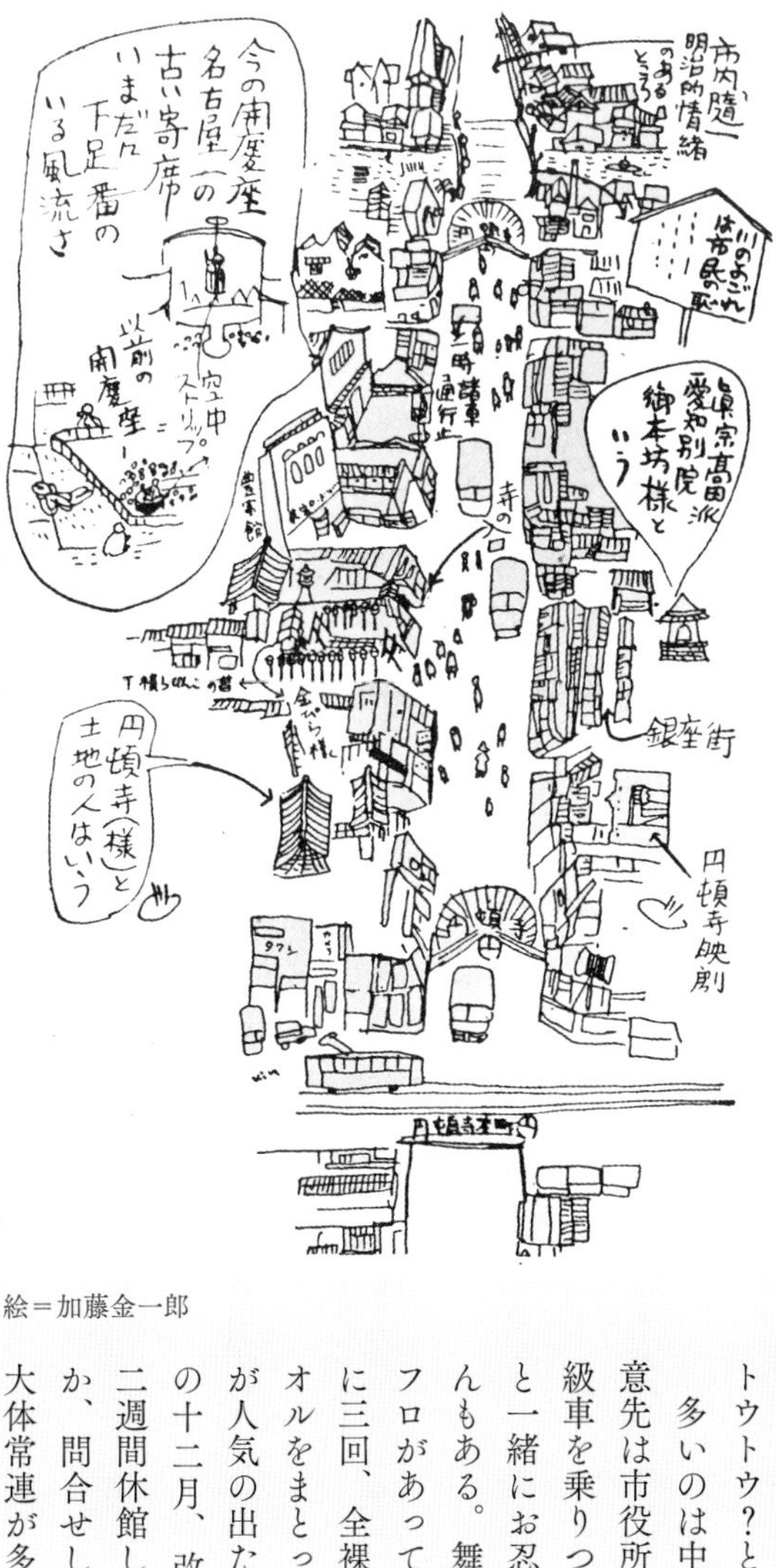

絵＝加藤金一郎

女の子が出るときには十日間も毎日通いつづける六十のおじいさんやら弁当持ちで朝一番に入り、夜十時にはねるまで毎日がん張る若い商売人。かと思えば夫婦連れでケンタイ期の治療にくる中年組、二号さんと連れそって週に二回は必ず、夜の部に腰をすえるエライ様なんか、感謝状の一つも出したいくらい。興ふんその極に達し、カブリつきで飛びでていく客も時々あるとか。

お次は宗右衛門町と法善寺横丁。円頓寺通りを一歩裏へ入ると至るところ飲み屋あり、小料理屋あり。どだい、多すぎるその間に転々と〝旅館〟の看板がまじっている。こんなところで旅館ははやるんですかネエ、といったらある飲み屋のオカミ〝トボけとりゃあすな。芸妓さんがあるでないきゃあ〟なるほど円頓寺芸者といえば不見転芸者の代名詞。全くウカツな質問、そこで、じゃあ大繁盛だろうな、とたたみ込んだら、オカミいわく〝それがよお、近ごろは柳橋や中村区小鳥町付近のパンパンに侵略されてよおー、円頓寺の芸妓さんはあんまり、エエことないらしいぜえも〟それもあってか近ごろ円頓寺芸者はドロン組続出で五十人ぐらい。つい先日も、電車道を西に越えた円頓寺本通りのある旅館で着物のソデをちぎられた女をお巡りさんが職務質問したらなんと舎人町の芸者。舎人町にもだいぶ地元の旅館を食い荒されているらしい。（以下略）

今池

（「名古屋タイムズ」1957年3月7日）

ピンからキリまでみんなそろっている。県下で一番小さくて貧弱な今池巡査派出所に西部劇のセットから借りてきてすえてみたようなモリケン・デパートが四つ角にがんばって今池ビルと顔をつき合わせている。クラブ「スリーエース」に高級車が止まり、芸者を連れた社用族が出入りするかと思えば今池銀座はドブロク横丁だ。フリーの客にはツンとしてドダイ気取っているバーがあるかと思えば高速度用地の屋台街ではオデンをなめなめ安サラリーマンがコップ酒をあおっている。ロシア料理の「ドンコザック」に鶏肉の「力」串焼きの「タヌキ」朝鮮料理の「明月館」スタンド・ビフテキの

「すえひろ」など広小路族の〝通〟も喜びそうな店がある。

　場末の盛り場にチョッと毛のはえたような飲み屋がヒサシを合わせて並んでいる。連れ込み旅館もあれば深夜喫茶もある。パチンコ屋もあれば「九時から全部見られます」の映画館もチャンとある。なんでもある街だ。それがまた、ものすごい勢いで一晩中、動いている――。大須と広小路を加えて二で割ったような盛り場ですなアー？と聞いたら、今池ビルの専務氏〝盛り場じゃないです。盛り場期成同盟会を作って市に認知を申請したら断られました。おかげで補助金もさがらない街なんで……〟つまり〝不肖の子〟である。ゴチャゴチャしているうちに飲み屋ばかり、集った奇形児〝西部の町〟なんだそうである。

　ところがこの〝不肖の子〟親の認知はなくともドダイイキがよろしい。終戦直後は駅裏とはり合ったヤミ市で男をあげ、パチンコ全盛時代には約十軒がずらりと軒をそろえてひねもすチンジャラで〝パチンコ王国今池〟の名を売り出しちゃった。あれよ、あれよという間に今日の身代を築きあげたのだからかなわない。

　なかなかシックで落ちついた「田園」「田中屋」「ゼン」「スギウラ」など純喫茶が七軒もあれば深夜喫茶は「第五番館」「絵夢」「ビーハウス」飲み屋は高速度用地にある屋台四十軒を入れて三百軒以上で青線兼用はこのうち半分以上、連れ込み宿も十七軒とそろって数に不足はもちろんござらぬ。いや、女が不足で大須からもっぱら出張のうわさ。「ビーハウス」裏の空地には約二十軒の飲み屋小路がいまや陣痛の苦しみ――と。全く、その勢いや、すさまじいの一言。大須も、広小路も二次会の客をフトコロに吸い寄せられて、ただア然――。

　と、いったって今池から飲み屋をのけたらなんにも残らない。〝いまーいけッ〟と呼べば〝のみーやッ〟ただそれだけ。今池ビルが建って少しは〝街〟らしくなったというものの気のきいたクツ下一本、ネクタイ一本が見つからない。善良な市民に憩いの場所が少くて広ブラの女の子なんか〝今池はこわい〟――そこで今池ッ子、考えた。モットーは上品な盛り場、とモリケンデパートをたたきこわして地上三階、地下一階の郵便局ビルを建て、双葉屋デパートの跡には地上四階、地下一階、映画もニュース劇場、洋画、邦画館の三館を持ったビルを建てるそうだ。

　さらにだ。ダンスホールだった今池マートの二階とその西側に映画館を二館つくり、開館が花の四月なら、今池銀座の入口、今池マーケットの二十軒、約九十日の予定で鉄筋二階のビルを建て純然たる商店街「今池商業センター」でアルコールを中和させよう魂胆――少しはすっきり、親の認知をうけられるでしょうな。とにかく楽しい話。

午後十時、今池ビルのミュージック・サイレンが流れた〝おかえりの鐘〟――だが今池はこれから盛りだ。

古参格の「菩提樹」「三千」をはじめ「コハク」「サファイア」「紫煙」も満員なら「大番」「今様」「たぬき」などなど一ぱい飲み屋からはざわめきにまじって流しの弦歌が陽気に流れている。近ごろ、メッキリ男をあげた五十円バー「トニオ」は人いきれとアルコールの香に殺されそうだ「ビーハウス」の細い道を通って外に出たら暗ヤミの中に中南米音楽のＬＰ喫茶がヘンに魅惑的な姿で眼に飛び込んできた。低いスタンド式の喫茶室は文字通りの超満員、若いアベックがタンゴに興奮しきっていた。午後十一時四十八分、八事行と東山行の終電車が酔っぱらいを拾って出ていった。まだまだ人のざわめきは途絶えない。午前二時までの深夜喫茶の前には流しのタクシーが群がって客を待っている。

角帽をかぶった学生がスカーフの女を抱いて出てきた。空を見あげて七十円のルノーに――。空には男たちの里心?を誘うかのようにサカサクラゲのネオンがチラリチラリとまたたいていた。午後五時の〝たそがれの鐘〟ではじまった今池のにぎわいは午前三時すぎ、酔客の姿もまばらになってようやく静かな眠りにおちていく――これがアルコールにひたった未公認の盛り場「今池」の姿なんだが――。

絵＝上原欽二

大曽根

（「名古屋タイムズ」1957年3月12日）

〝ゾネ〟といえば〝田んぼ〟その〝田んぼ〟がエライ強気、と聞いて走った。売春防止法をはさんで組合幹部が二つに割れ、片や軟派で片や硬派。軟派が早く転業を考えるべきだ、というに対し、硬派はまるで尼子の山中鹿之助気取り。なにがなんでも組合預金一千万円をみんな注ぎ込んでも別の形で〝田んぼ〟を認めさせるんだ、と東奔西走して両々相譲らず。だから中にはさまれた百五十六軒のかよわい？業者は窮ソ変じてネコをかむのたとえでお値段はまず名楽園なみ。安くてサービスは庶民的？それが看板の田んぼ、そんなにお値段がはりましてはとても……と思ったらさにあらず。お茶ひきは皆無に近くて、つい先日、殺人事件でシラミつぶしに洗いあげた県警本部のデカさん〝七百人もいるのにお茶ひきはたったの一人〟と驚いとった。だから強気はいよいよ強気。十二時前なら二千円をビタ一文割りません。市内四郭中、一番張りきっとるようです。お陰で赤い着物がよく売れまして、赤い着物でなくっちゃあ、楼主が喜びませんので……は田んぼのおヒザ元、鈴蘭通りの呉服屋さんの話。

〝ゾネ〟といえば食い気と飲み気の街。市電大曽根の電停でおりたら例の焼き鳥のニオイがオナカの虫をたたき起した。交差点のバラック・マーケットから二十九年の五月、大曽根アーケードに移って商売ますます繁盛。まだ外は明るいというのに脂ぎった煙の中で商人態の男が三人四人、都合二軒で七人がトン焼きをパクついていた。鈴蘭通りはウナギとカマめし天ぷらの臭い。だが飲み気と食い気の本チャンはなんてたって名鉄瀬戸電の大曽根駅前。飲み屋に食堂に喫茶店がゴチャゴチャッとひしめいて「新宿商店街」が四十七軒中、飲み屋三十五軒。「共栄小路」が二十七軒でホテル、食堂各一軒、喫茶店二軒を除いてあとはみんな飲み屋さん。

共栄小路をのぞいたら日本料理の「小松」が新築中で喫茶兼バーの「キューピー」が増築、バー「梅屋」が内部改築中。といってもみんなマッチ箱、幅一メートルの道路の上まで二階家の床板が張り出した裏町横丁。こんなところでよくもまあ——大工のトンカチに驚いていたら若い組合長氏〝オイラの街〟の発展論をひとくさり

再録・名古屋タイムズ連載「盛り場の眼」

――。つまりですなあー〝太陽の季節〟です。〝障子を突破る〟くらいの元気がなくてはいかんです。ここは二十一年九月に出来ましたが、いまでも半数はそのときからの生えつき。ここでもうけて大きな店をよそにつくった人は十五、六軒あります。

要するに雨にも負けず、風にも負けず……はチョッと宮沢賢治ばりだが中央線の複線化、大曽根の改装、市の道路拡張に備えて鉄筋コンクリート地下一階、地上二階の店舗付住宅を建てたい。改装、新築はそれまでに大いにかせぎ、銀行すじの見込みをよくするため。この四月からは積立てもはじまる――そしてですネエ。夢は大阪の法善寺横丁です。仁王さんの代りに地蔵さんをまつって大曽根の名物にする。そうすれば商売はますます繁盛で――。

ヨシズ張りの露天商から伸びてきた「新宿商店街」もご同様。どの店も客が入っている。狭い通路は人で自転車も通れない。午前三時ごろまで客が絶えない。芝――こんな飲み屋が約五十軒に屋台が四十軒以上も根をはっている。やっぱり〝ゾネ〟は飲み気と食い気の街。至極大衆的なそれでもっとるんだ、といったら大曽根本通りの発展会長氏にしかられた。

その考えは早計である。わが大曽根本通りのこの隆盛も飲み屋の発展も田んぼの強気もすべて交通至便、ターミナル大曽根のおかげなんである。広く周囲を見て見給え。中央線大曽根駅の一ヵ月の乗降はパス百万、一般客

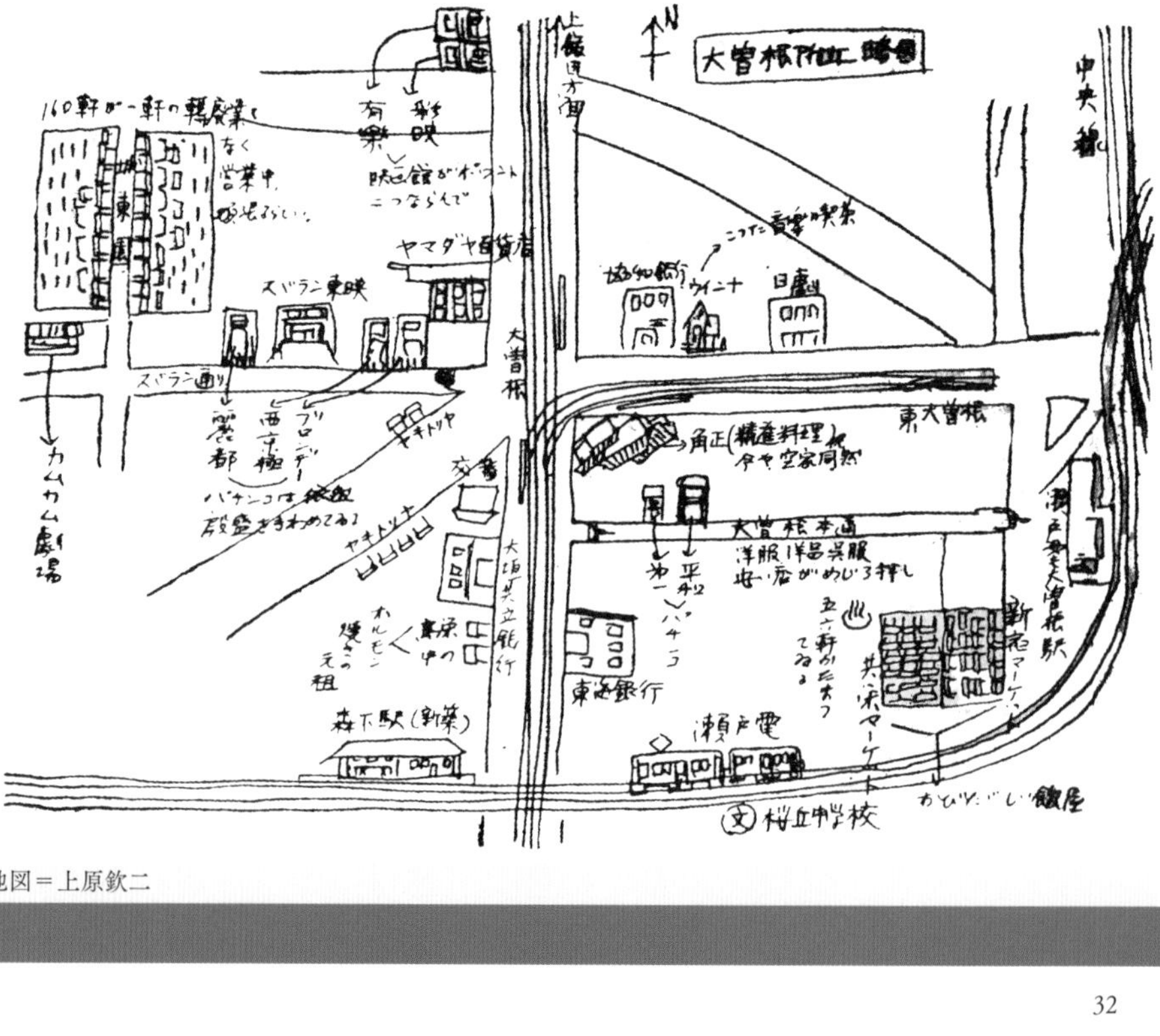

地図＝上原欽二

四十五万、学生は鶴舞をさけてほとんどここでおりるんである。大曽根をすぎた上り列車は空っぽ？である。瀬戸線大曽根駅が日に二万人、森下が七千人、みんなここのお客である。小牧線がある。名鉄バスがある。エエッ、どうです。この至便な交通機関を伝って遠くは多治見、瀬戸の山奥から、また小牧、守山、犬山から客がくるんですゾ。

全く交通至便のおかげとは思わんですかな。だが、である。これくらいで感心してはいかん。もっともっと大曽根は発展する可能性があるからである。つまり、中央線大曽根駅を終始発駅にして、そこにデッカイ商店街付の民衆駅をつくることである。そうすれば中央線に乗る客はみんな大曽根に集ってますます――いや、名古屋を大都会にするためにも国鉄の駅が一つでは絶対いかんのである。だから、われわれは名古屋百年の大計からも「大曽根駅始発終着期成同盟会」を作ったのである。民衆駅の構想は鉄筋三階の三十店舗ぐらいで工費三千万円、やるですぞ。その筋の意向も十分たたいてあるし、やってみせますゾ。中央線の複線化も多治見までが五ヵ年計画で打出されたし、大曽根はいい街になりますゾ――会長氏、熱を帯びてきた。一人前三千円の高級精進料理屋「角正」がぶっ倒れた。安くて庶民的な盛り場〝ゾネ〟交通至便と周辺町村のお客を当て込んでこの三、四年来、映画館が四館から十一館にボウ張した〝ゾネ〟――会長さんの眼のようにイキイキとしとった。

大門

（「名古屋タイムズ」1957年3月15日）

給仕婦さん、空室あります。――「賑町」のアーチをくぐってまっ先に眼についたのがこの看板。早速、賑町から羽衣町、大門町から寿町、一番北の日吉町とくまなく探して歩いたら、あるわ、あるわ。〝女給さん大歓迎。どうぞお入り下さい。親しくご相談に応じます〟〝働きたいと思うお方は遠慮なくお入り下さい。ご希望に応じます〟のネコなで声型から、さては右の柱に〝園妓さん、空室あります〟左の柱に〝バー女給さん、至急入用。通勤でも結構〟と二足ワラジをはいた山形屋藤蔵型があるか、と思えば珍中の傑作は〝自営アルバイトカフェー〟〝勤労を喜ぶ人の店、通勤でも働ける店〟ＥＴＣ――と七十五軒中になんと二十五軒が〝給仕婦募集中〟ところがこの〝園妓〟さんなかなか集まらない。それどころか、売春防止法という〝維新前夜〟の風に吹きまくられ〝園妓辞退組〟が続出とか。といって前借でしばったり、ストーブリーグといけば勅令九号違反のキツイ眼がピカリ。弱き者、汝の名は楼主なり、とかく看板オンパレードの郭と成り果てた次第。念のため消息筋に聞いたら昨年一月が約八百人でいまは五百人弱、大ていは青線やキャバレー、自家営業、と歩のよい〝体売ります〟に転業とは〝中村〟もナマズの上ですな。

土曜日、それも月初め、というのに意外に静かな大門通りから大門を東にまわったらトルコぶろの令女プール、表に泥土を積んで増築中。昨年九月にトルコぶろカマぶろ四室を建て、こんどは新移入「フランス調ロマンスルーム」五室ときた。タネをあかせば蒸気のかわりにラジェーターで熱気を吹きつけるトルコぶろのドライ派増築とは結構ですな?といったら企画担当プロデューサー氏、オイ来た、と勢い込んで〝開港論〟を一席、弁じ給うた――いや、もうかる、もうからんは別でして、とにかく生きるためです。ウソだ、と思ったら一ペン、郭の中を歩いてチョウ。女たちは逃げるし、補充はつかんし、このままだったら自然消滅だギャー。損せんうちに転業する方が得だ、とも思うがどうデイヤー。お説、ごもっとも。「銀波」は西浦温泉で旅館。「新井筒」は碁会所と飲み屋さん。「金波」はトルコぶろに転業。「四海波」はオイラン茶寮と令女プール。「泉千寿」はマージャン屋。「明月園」はトルコぶろと半転業。いや、二足のワラジをはいて特にトルコぶろは結構なようです。そして四月廃業の「稲本」は「天竜閣」「大一」「豊稲」「第一桃園」「四海波」と一緒になって、四海波裏百二十坪の空地に千五百尺のボーリングをして「西日吉町温泉株式会社」をはじめるとか。出るか、出んかはその時勝負、とにかく夢は「中京の芦原温泉」もう十一日に試堀願いを出しまして……と滅法、話の調子はいいが先立つものはゼニコ。いや、バク才。だから威勢のいい開港論も郭の中をスルリと抜けて大部分は警察の動きやいかにの〝洞ケ峠〟おまけに近ごろじゃあコエ臭い〝田んぼ〟や八幡園に繁盛のお株をとられてお茶ひきがチョクチョク。折角、お値段も平均がとこ、時間五、六百円。お泊り平均千二百円、二番封切り並みに下げたんですがネエ。大マガキの中村、どだい、しみったれて活気おういつは郭の目抜き、パチンコの名古屋温泉ドリーム・センターの前だけ。おまわりさん、いわく〝こんなに静かじゃあ派出所もお手あげだ〟

「女中さん、急募」――裏へまわって郭とは背中合わせの飲み屋街。こんどは、こんな張り紙がまだか、まだか、と押しつけてきた。全く軒並みに習字のコンクールである。なにしろ大門界わいといえば青線の本場。飲み屋が約三百軒あって、そのほとんどは女中が〝体も売ります〟旅館も約五十軒あって用を足すには事欠かない。だから青線飲み屋は商売繁盛、需要が供給をはるかにオーバー?と思ったらその逆。近ごろは女の子も賢くなって歩の悪い飲み屋に頼るより自前が得と勧進元を離れてアパート、下宿へ――は〝なかむら〟と同じ運命とは初耳。

事のついでに、大門電停東へ一丁の常楽通を北に入ったら洋服のパンパンが二人背中をかがめてトボトボやってきた。芸者とは名ばかり〝豊芸能組合〟のおねえさん連。検診証明書をカバンの底にひそませてお座敷へねころびに?というところだったらしいがズラリと並んだ二階家はどこもかしこもヒッソリ閑。三味線の音がポツリポツリ。ハテ面妖な?と首をかしげたのも道理。パンパンから芸者へ、更生の旋風が吹きまくっていた。十七軒、六十名をふるいにかけて三十五人の有能者?に三味線と踊りをお仕込み中。三味が五日で踊りが五日。おさらいが十日で総合けい古が三日間。合わせて月のうち廿三日間を検番にカン詰、猛訓練中だそうな。〝売春はいけません。たとえ三十五人が七人になっても芸を売る芸者として生きていきます〟ジャンパーの組合長氏、踊り場つきの検番でキッパリいいきった。頼もしいではありませんか。――冷い夜風に吹かれて。

絵＝加藤金一郎

再録・名古屋タイムズ連載「盛り場の眼」

娯楽の王様だったパチンコ

大人も子どもも熱中

昭和20年代、30年代の「娯楽の王様」といえばパチンコ。大正時代に欧米から上陸したゲーム機がルーツといわれ、戦前も流行していたが太平洋戦争中に禁止された。

終戦翌年、1946年（昭和21）7月4日付けの名古屋タイムズに「パチンコの復活」と題した記事が掲載されている。いわく「戦時中に姿を消していたパチンコが中京に復活した。鉄玉をパチンコの穴に入れて文字通りパチンとはじく時のスリルは知る人ぞ知る」――。戦前は1玉1銭で景品にはたばこやキャラメルがあり未成年者は禁止だったが、復活したパチンコは1玉20銭で景品はないと紹介し、大人に交じって子どもが遊ぶ写真が添えられている。

その後、パチンコ機の改良で人気に火がついた。1949年、名古屋のパチンコ店は236店を数え、1951年には700店を突破した。市電の停留所付近など交通の要衝には「チンジャラ」の音とともにパチンコ店が1、2軒あった。繊維業界がもうかった「糸へん景気」をもじって「玉へん景気」といわれた。

当時、過熱する市内のパチンコ店を取材した進駐軍機関紙の米記者は次のように分析している。「射幸心は本来原始時代の人間のものだが現代になってもなくなるものではなく機械と人間の間に興味深い要素を作る。意思の通りには玉は入らぬがこれで腹を立てる者、技術で勝とうとする者、漫然と打ち10円をすっている者、こっ

1950年12月2日撮影。丸髷を結った若い女性や子どもを背負ったおかみさんも夢中で玉をはじく名古屋市内のパチンコ店。

1951年7月撮影。名古屋市瑞穂区堀田のパチンコ店街。映画のセットのように小型店がずらりと並んだ。

＊本項の写真はすべて名古屋タイムズアーカイブス委員会提供

そりガラスを開けて手で玉を入れる者など機械に連れて動く人間の心理は面白い。意思通りに動かぬがチャンスはあるという心理が流行の原因のようだ。未来は電化や改良も加えられよう」（1951年7月4日付け「名古屋タイムズ」）

なぜ名古屋がパチンコ王国だったのか

パチンコ店を支えたのはパチンコ機の製造業者だった。名古屋はパチンコ機の資材となるラワン材の集積地でベニヤ板の生産地だった。そして戦前、軍需工場の下請けだった町工場が多くあり、パチンコ玉に使うベアリングが入手しやすくプレス加工と板金の技術者がたくさんいた。こうした条件が重なり、多数の製造業者が生まれ、パチンコ店とともに地域ぐるみの産業となった。

1951年当時は1店平均パチンコ40機の小型店が主流だったが、1954年に中村区に1500機を置く、「東洋一」のパチンコ店が登場、その後大型店が続々と誕生する。

同年6月17日～9月10日、納屋橋たもとにあった中部観光の「名古屋アイスパレス」で第1回パチンコ産業博覧会が開かれた。スケートリンクに特設した遊技場に2000のパチンコ機を並べ、多い日で2万人が玉をはじいた。2階の見本市には70社（9割が名古屋）が自慢の機器を出品した。「桃山風お座敷パチンコ」として70畳の青畳の上でパチンコを楽しんでもらおうという呼び物企画はその筋のお達しで中止。マネキン人形を置いてお茶を濁したのもご愛敬だ。

1955年に従来よりも高速で球を打てる「連発式」のパチンコ機が「著しく射幸心をそそる」として禁止されると、業界は「冬の時代」を迎えた。しかし昭和30年代後半には新機種の導入などで上昇。テレビの登場で動員力に陰りの見えた街の映画館が続々とパチンコ店に転業した。1962年には名古屋のパチンコ産業に目を付けたコメディアンの伴淳三郎が釘師を主人公にした松竹映画「ちんじゃらじゃら物語」（堀内真直監督）を企画。岩下志麻、千秋実、加東大介、フランキー堺ら豪華キャストで長期名古屋ロケを敢行した。ロケ中に名古屋遊技場組合が陣中見舞いをして伴と堀内監督にパチンコ台をプレゼントした。（敬称略）

（長坂英生）

1967年10月撮影。月産1万機を製造した名古屋の大手パチンコメーカー。

個性派喫茶店の乱立

映画会社とタイアップも

名古屋の喫茶店は大正時代以来の歴史を持つ。中でも、1914年（大正3）に広小路の栄町交差点近くに開業した「カフェ・パウリスタ名古屋喫店」は本格的なブラジルコーヒーが飲める店として話題になった。昭和の初めには森永製菓などが運営するカフェも登場してコーヒーが普及。名古屋の喫茶店は数百件を数えるようになったという。

太平洋戦争後、焼け跡残る名古屋の街で次々に喫茶店が営業を再開した。1949年（昭和24）には名古屋喫茶食堂商業協同組合が市制60周年記念事業の一つとしてコーヒーを飲むと100円〜1000円が当たる「名古屋コーヒー祭」（10月1〜10日）を開催した。

さらに1950年12月には名古屋甘味喫茶食堂組合主催で「喫茶祭り」が開かれた。松竹とタイアップして市内400の喫茶店が参加。期間中、来店者に抽選番号入りマッチを進呈。賞金1万円を筆頭に20万人に映画招待券をプレゼント。また、ミス喫茶店の「喫茶小町」を選出した。「喫茶祭り」はその後、愛知県喫茶環境衛生同業組合主催となり、毎年秋の恒例行事として、全県規模に拡大した。

多様化した喫茶店経営

一方、昭和30年代になると喫茶店の業態が多様化。歌声喫茶やジャズ喫茶、名曲喫茶が若者たちのたまり場になった。名古屋市東区には店内で映画を上映する映画喫茶もあった。ほかにもクラシッ

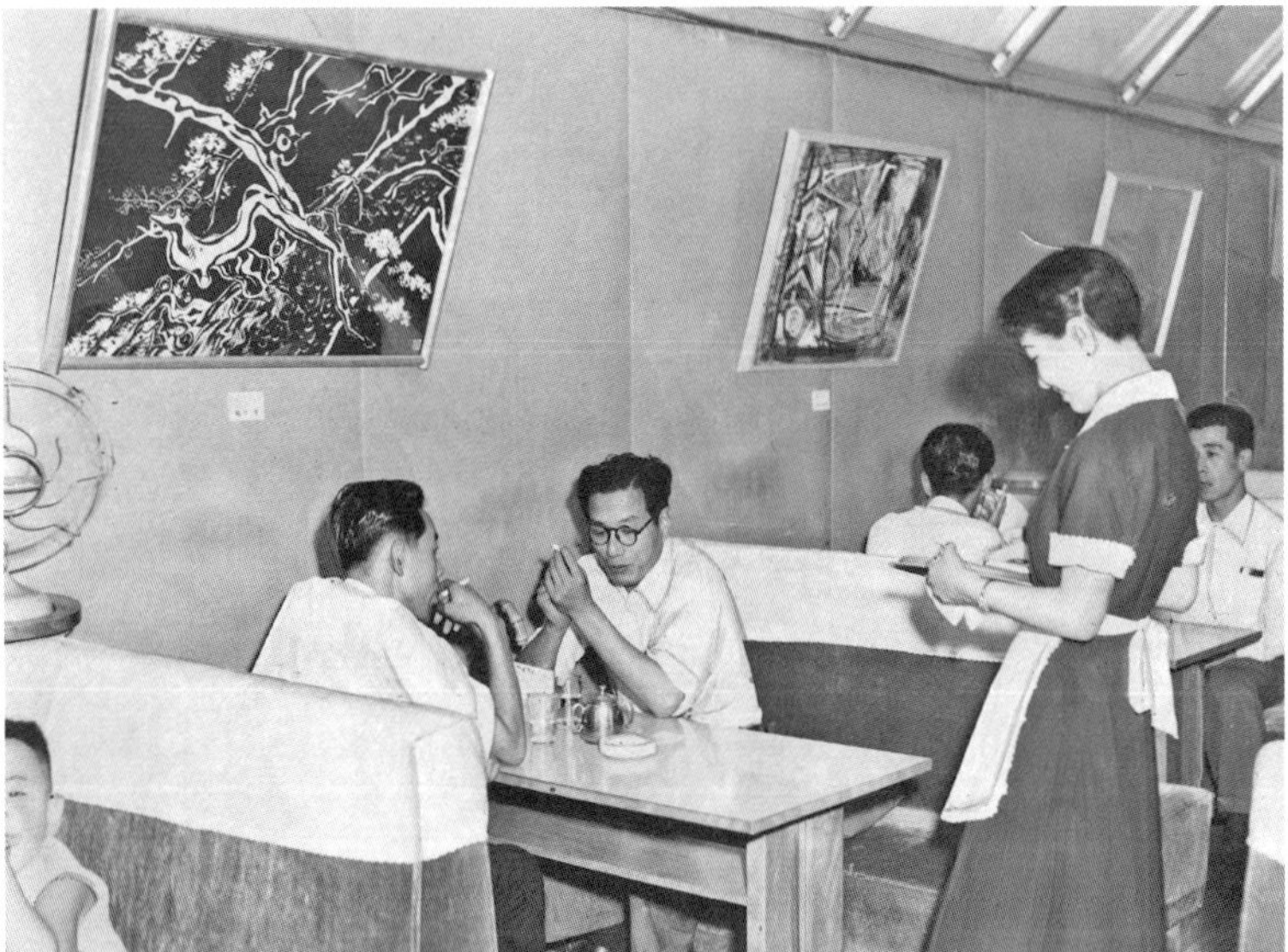

名古屋市内の喫茶店では美術品を展示する喫茶店が流行った（1955年8月）

＊本項の写真はすべて名古屋タイムズアーカイブス委員会提供

クを生演奏する「室内楽喫茶」、若い女性店員を指名すると1時間同席してくれる「指名喫茶」、熱帯系の植物や名画を飾った「緑の憩い喫茶」など個性派が誕生した。

こうした個性派の乱立に対して純喫茶もトーストに卵を付けるなどして対抗、現在の「モーニングサービス」の原型が現れた。

（長坂英生）

1963年11月におこなわれた喫茶祭りの宣伝カー。

東区にあった映画喫茶
（1963年9月）

映画館とタイアップした「喫茶祭り」の広告（1950年12月24日「名古屋タイムズ」紙面から）

中区栄（旧住吉町）の喫茶店が
立ち並ぶ地域（1966年10月）

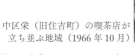

デパート屋上のにぎわい

好景気に沸いた昭和30年代、名古屋のデパート屋上は週末ともあると多くの家族連れでにぎわった。子どもたちのお目当ては遊園地。百貨店の屋上遊園地は戦前からあったが、昭和30年代には各百貨店が増改築に合わせて大型の空中遊具を設置して競った。

中でも、度肝を抜いたのは1960年（昭和35）3月、丸栄百貨店に登場した「スカイリフト」。登山電車のデパート版で百貨店では初の施設。屋上中央と塔屋の展望台を結ぶ全長36・8m、30度勾配のレールを15人乗りの電車で上り下りした。屋上には1956年3月に設置された市内初の空中ケーブルもあり、同百貨店屋上には5種類の空中乗り物がそろった。

一方、フラフープ大会や羽根つき大会、動物園など子どもをターゲットにした様々なイベントも企画された。（長坂英生）

1960年1月、オリエンタル中村（現名古屋栄三越）屋上の遊園地。

1960年3月に設置された丸栄百貨店屋上の「スカイリフト」。右上が空中ケーブル。

＊本項の写真はすべて名古屋タイムズアーカイブス委員会提供

1960年12月のオリエンタル中村屋上遊園地。後方の観覧車は1954年5月の開店時に設置。現在は国の登録文化財。

1960年12月、名鉄百貨店屋上遊園地の「白バイ」。台から外すと実際に走れる精巧な遊具だった。

1962年7月29日　丸栄百貨店屋上で開かれた「赤ちゃん動物園」で水浴びを楽しむインドゾウの子象。

松坂屋屋上遊園地の回転飛行塔（1961年2月撮影）

好景気で社用族が詰めかけたキャバレー

かつては100を超すお店があった

女性従業員が客席に侍り、飲食のほかステージでバンド演奏やダンスなどの余興が提供される「キャバレー」は、戦前からあり、「カフェ」「社交場」とも言われた。名称はともかくこうした業態の飲食店は名古屋でも戦前からあった。

戦後、活況を呈するのは「神武景気」「岩戸景気」と好景気が続いた昭和30年代前半。経済白書が「もはや戦後ではない」と宣言した1956年（昭和31）暮れ、「名古屋タイムズ」が名古屋市内のキャバレーのクリスマスのどんちゃん騒ぎをレポートしている。

「足の踏み場もないとはこのごろのキャバレーのフロアをいうのかもしれない。パーティ券なしではとても入れない。キャバレーN会館では去年より高く、たくさん発行したが売れ行きはすこぶる好評。しかもお客はその2倍、3倍を飲んでいく」

「客層はやっぱり社用、公用族が6割。5人、10人と大勢で押しかけてきてはサインを済ませて帰っていく。多分、舎人町の芸者だろうがキレイどころを数人連れて豪遊する若い男たちも」

「Sキャバレーでは10メートルもある大きなツリーに数百の豆電球が点滅し、お土産はお菓子の詰め合わせとシャンパン。一流のジャズシンガーを呼び寄せて、テレビ局のプロデューサーまで解説に飛び入り。『これだけ景気が良くなるとインチキのお土産では客を引き付けられません。どうやら戦後屈指の景気になりそう』とN会館マネジャー。土産をいっぱい抱え、紙の帽子をかぶり千鳥足で出ていくお客に『また、いらしてネ』と女の子の甘い声」

戦前から名古屋市内の歓楽街といえば栄だったが、1955年7月、今池交差点の今池ビル地下に高級クラブ「スリー・エース」がオープンすると勢力図に変化が生

1956年12月、キャバレー「スイングスイングスター」のXマスパーティ。

＊本項の写真はすべて名古屋タイムズアーカイブス委員会提供

まれる。それまで「庶民の盛り場」だった今池は社用族を呼び込むことに成功。新興勢力の今池は1958年には高級バーやクラブ、キャバレーが54軒を数える歓楽街に発展。栄と今池の2大歓楽街の相乗効果で昭和30年代後半、名古屋市内には100店を超すキャバレー、クラブがあったといわれる。

「夜の帝王」と呼ばれた男

さて、戦後の名古屋で複数のキャバレーなどを経営し、「夜の帝王」とうたわれたのが山田泰吉氏である。

山田氏は1901年（明治34）年に岐阜県本巣郡で12人きょうだいの6番目に生まれた。小学校6年で学業を離れ、活動弁士、飲食業などさまざまな経験を積む。1930年に上京し、「富国徴兵保険」の外交員となった。

戦後まもなくして名古屋広小路の富国生命ビルの地下を借りて、キャバレー「赤玉」を開業。1948年には「中部観光」を設立。パチンコ店や自動車部門に進出。名古屋では「ゴールデンスター」「安全地帯」などのキャバレーを経営、1961年には東京赤坂にレストランシアター「ミカド」を開業した。

地上6階、収容能力1500人。当時の金額で15億円を投じて「国際社交場」を目指したが、1964年の東京五輪開幕前に経営が破綻。翌年に閉鎖した。山田氏はその後も再起を図るが、1988年に87歳で亡くなった。「男のロマン」を追い求めた生涯だった。

（長坂英生）

1959年6月20日　キャバレー「スイングスイングスター」のステージショー。

名古屋市千種区今池のキャバレー「スリー・エース」（1958年7月撮影）

昭和残照——下之一色をゆく

写真……駒田匡紀

名古屋市中川区下之一色町は、『名古屋の台所』と呼ばれるほど賑わった漁師町である。伊勢湾台風後、漁師たちは漁業権を放棄。

令和に入り、堤防の改修をきっかけに魚市場も閉鎖されてしまった。

町はすっかりさみしくなったが、二年に一度の一色祭り、はだか祭の日、国府宮に向けて出発するなおい笹の奉納など、かつての繁栄を伝える行事は健在だ。

メインストリート『本町通り』を中心に、賑やかだった昭和の面影と、漁師町の気風を感じる魅力的な町である。

銭湯は、漁師たちの憩いの場として賑わった。最盛期は７軒あった銭湯も新元湯１軒残すのみ。

はだか祭りの日。早朝、浅間社を出発し、魚神輿、酒神輿、電柱ほどのなおい笹を担いで本町通りを抜けていく。下之一色を略すと“正色”となる。正色市場は2020年解体、現在は住宅になっている。

人出が多く、なかなか前に進むことができなかったという本町通り。「ここにこればなんでも揃う」商店街だった。1998年度の商店街マップを見ると50軒以上のお店が確認できるが、廃業や宅地化などで開いているお店は数件だ。

本町通り沿い、仲屋ストアー２階にある喫茶路花。「女の子を雇ったりして 23 時までお店を開けていたこともあった」。映画館などもあり、一色の町は夜まで人出があった。

中梅商店。1954 年、酒屋を始めるつもりだったがたまり屋として開店した。
店主さんの記憶では、当時一色には酒屋が７軒もあった。

土曜日の早朝を中心にお店を開けている大野商店。魚市場閉鎖後、鮮魚店、玉子巻店などが自宅で商いを続けている。

河村商店　月木の朝、魚を車に積んで本町通りにやってくる。

創業百年を超える魚市場は閉鎖された。
町の様子は変わってゆくが魚と人の物語は続いていく……

（有）トシ水産　市場にいる頃から一色の魚屋のウリは人情味あるやり取りと答えるようにしている。一色の魚屋さんで買い物を覚えると、他には買いにいけなくなるほど、どこのお店も鮮度抜群、食べ方もしっかり教えてもらえる。

［取材協力］下之一色魚市場協同組合・はだか祭り正色七年会

住吉町は三業者の街——芸者・置屋・料亭のクラスター

蔦茂《つたも》創業者でぼくの祖父・深田良矩《よしのり》は、「戦前の住吉は、芸者300名、料理店・置屋40店舗以上で大きな料亭が軒を連ねていた…」と語っていた。終戦後、このあたりは進駐軍の特需でいち早く飲食店が復興。通りの西側にはキャバレー、東には料亭が立ち並んだ。

遊興の街

当時の地図をもとに、2丁目北から界隈をご案内しよう（下図赤矢印から左へ）。

料理千代富久は常連中心の割烹、八百建は高級料理店向け市内きっての青果店。名古屋に八百屋の高田姓が多いのは同店の暖簾わけ親戚筋だから。角の香楽は、かしわ料理専門店で後に東区の白壁に料亭を構える。うどん蕎麦戸田屋は

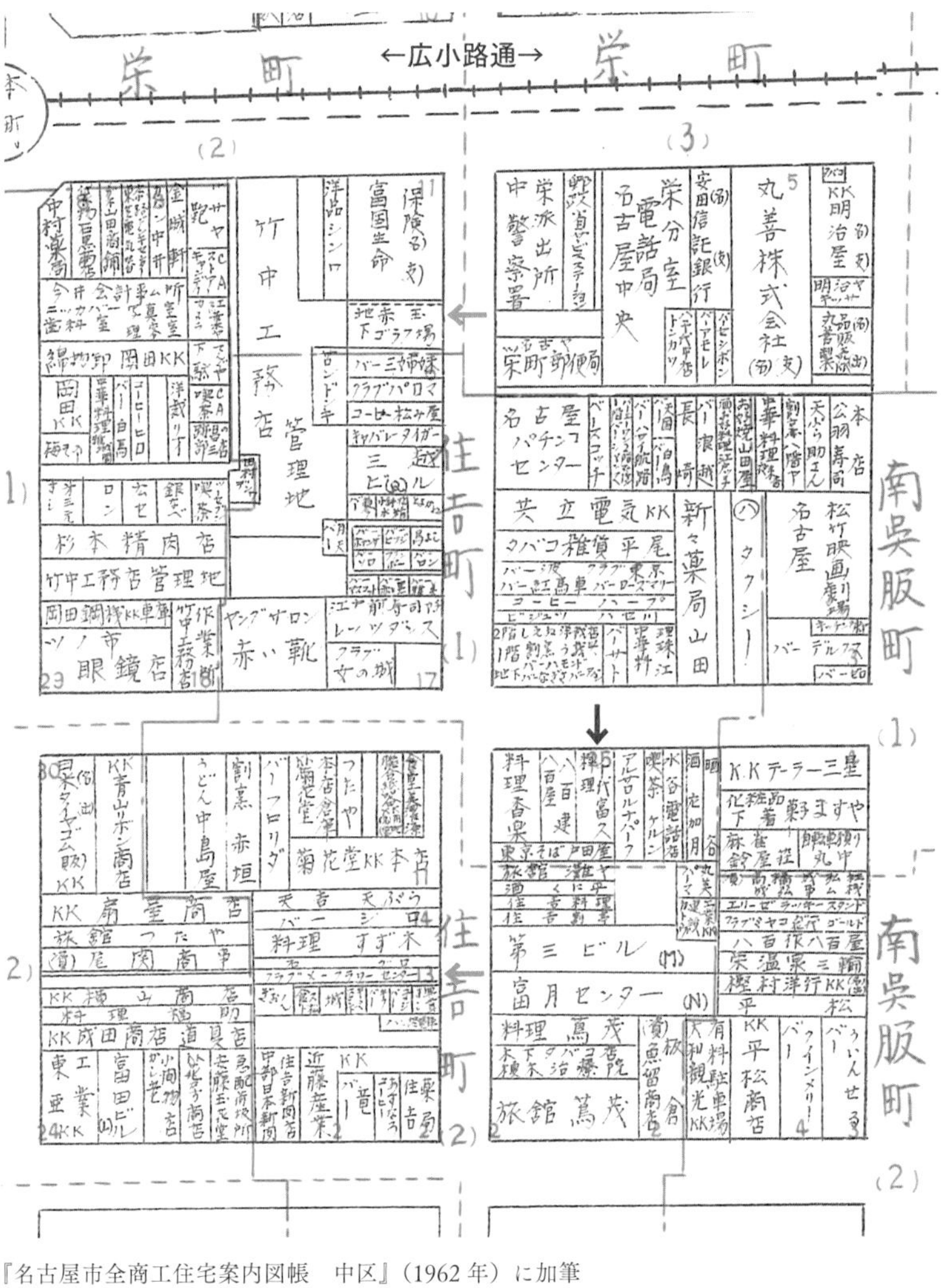

『名古屋市全商工住宅案内図帳　中区』（1962年）に加筆

チョット辛め出汁で評判。親父がギャンブル好きでいつも競馬新聞が置いてあった。広い間口の旅館灘屋は、ふぐ料亭・天ぷらで人気の高級店。小唄の名手・創業者山岡竹次郎のお嬢さんが東京三田の天ぷら屋で修行中に慶応ボーイの大手製パン長栄軒の跡取り伊藤泰弘さんが見初め、2社掛け持ち経営を条件に結婚された。

おでんくに平は、ヒノキの一本カウンターでいつも新内節・ギターの弾き語りで賑やかに繁盛。料理住吉タチソウは、手軽な価格の割烹店で、芸者なしで楽しめた。朝日タクシー跡地の第三ビルは高級バークラブ専門のビル「なつめ」発祥の地。富月センターは旅館と雀荘併設、テナントに榎本マッサージを併設して話題に！

南角の料亭蔦茂は町内のランドマーク。午前10時ごろからメジマグロ節でとる出汁の香りが名物（栄3大フレーバー：他には妙香園のほうじ茶・いば昇のうなぎ）。

各料亭には芸者衆が連日数名待機する遊興の街であった住吉町は、芸事も盛ん。小唄稽古場・蔦茂は春日とよ寿師匠、らく楽はとよ時寿師匠、灘家はとよ和喜師匠、3丁目には西川鯉次郎の修練場、そして、三味線、お茶、お花、お能狂言の師匠も並び芸文化賑やかな通りだった。

進駐軍も日本人も楽しんだ

西側（図の青矢印）。には、進駐軍御用達の赤玉会館、バー三姉妹、キャバレータイガー、レッツダンス。地元民が愛した女給200名以上の大型店「赤い靴」「女の城」「メイフラワー」と大繁盛。

火事やボヤ、暴力事件も多かった。1956年（昭和31）冬のメイフラワーセンター（図の緑矢印）の大火で、ぼくは蔦茂の屋根から火消しの散水をしたことが忘れられない。

戦後の住吉町は近隣のアメリカ村からの特需で賑わい、軍人と共に日本人も一緒にキャバレー文化を楽しみ、大いに賑わっていた。（深田正雄）

1951-52年冬、蔦茂南側で（2歳の正雄）スタッフと家族。毎朝、出汁が香った。

1958年、蔦茂若女将「のり子」と新車のクラウン。後は大火後新築となったメイフラワーセンター。榎本治療院看板、柳の街路樹が懐かしい。

鶴舞二丁目周辺の風景を回想する

歴史資料館「遊歓荘」（私設：2000年7月開設）のある鶴舞二丁目は、昭和30年代、東郊通1～2丁目、小針町1～4丁目、吸場町で構成されていた。家（現資料館）からは、東郊通を名古屋市電がゴトゴト走るのを眺め、時には堀川の貯木場から丸太を積んだ馬車が砂利道を行き交う様子を窓越しに見ていた。家の前には材木問屋があり、積まれていた丸太に上り叱られたものである。また近くには、かなり広い材木置き場があり、子供たちの探検フィールドにもなっていた。

銭湯・オート三輪・金属工場

現在、市営住宅小針荘のビルが建っている場所には、かつて平屋の木造家屋が軒を並べ、その一角に子供野球ができるくらいの広場があり、道の向かいの垣根のある畑にボールが飛び込むと、ホームランとなるルールもあった。時には、その横に建つ銭湯（今はない）で汗を流すこともあった。

ある時は、今は見ることもないオート三輪（三輪トラック）が荷物を積んでバタバタと音をたて走っていた。私も横に乗せてもらってドライブしたことも懐かしい思い出である。荷台には金属（リサイクルゴミ？）が積まれていた。そう言えば町内に4～5軒ほどの小さな金属工場があり、そこそこの音を放っていたが、今やその面影はない。

今ある小針公園は、当時わずかなスペース以外は木造家屋が軒を並べ、通りに面した印刷所では、

現資料館前の材木置き場
（小針町、1959年）

資料館付近：左奥に広い材木置場が見える。小針町3、4丁目。お祭りの日に撮影（1962年）

印刷機がガチャガチャと回っていた。その小針公園は、旧小針町の名を引き継いでくれている。

鶴舞公園で昆虫採集

家の北側には当時、駄菓子屋（お好み焼き屋）があり、5円で買ったお菓子を紙袋に入れて鶴舞公園に行ったことも……。通りの角には、公設小針市場があり、10数件の店が入っていたと思うが、私が目指したのは中の2件のお菓子屋に他ならない。また表通り（東郊通）には、酒屋兼パン屋、焼き芋屋（共に今はない）もあり、チョコチョコ顔を出していたことを覚えている。そのような場所から歩いて5〜6分ほどの鶴舞公園には、猿舎、鳥舎等があったと思うが、私の目的は昆虫採集（ミミズとかカエルなどもあったが）で、持ち帰って家で育てていた。当然家族からは、気持ち悪がられていたはずである。公園通り（東郊通）の鶴舞中央図書館は、今思えば何ともレトロチックな建物であったが、それ以上に勤労会館があった脇に何とも言えない感じの勤労ホームが強く印象に残る。その北側にあった陸上競技場（今はサッカースタジアム？）で運動会、朝のラジオ体操等の様々なイベントがおこなわれていた折に、なぜかしら勤労ホームに出入りしていた記憶があるせいかもしれない。

このようなことを思い浮かべながら、昭和30年代を振り返るのも悪くないものである。

（近藤泰泉）

資料館前で軽三輪と。隣は魚屋さんでトラ箱（魚を入れる蓋の無い木箱）が積まれている。道路は未舗装（1959年）

鶴舞公園胡蝶ケ池で中ノ島を背に（1961年）

嫁入り道具を積んだ三輪トラック。中央は明治生まれの筆者の祖母（1963年）

鶴舞公園竜ヶ池ボート乗り場前（1961年）

筒井町は輝いていた

東区筒井町は、尾張徳川家の菩提寺・建中寺を中心に江戸時代から栄えてきた門前町である。戦前戦後を通して、大須・円頓寺と並ぶ名古屋の三大盛り場の一つでもあった。

この町の昭和30年代はまだまだ戦後復興の息吹もあり、活気に溢れた暮らしがあった。毎年6月の祭やお盆、そして歳末の大売り出しの時期には、町の賑わいはピークに達した。

夜9時過ぎでも人並み絶えず

当時、約150の商店が軒を連ねており、お祭りになれば夜9時を過ぎても人通りは絶えず、向かいのお店に行くのも一苦労だったとか。夏の時期には、筒井町東映で9時からナイトショーが上映。11時の閉館後にはまた人波が続くという具合。商店街にあった銭湯も、深夜2時くらいまでは開いていた。

店屋の種類も今からは想像できないほど多様だった。卵屋・駄菓子屋・かもじや・毛糸屋・乳母車屋・たんす屋・鰹節屋・スマートボールにパチンコ……。他にも下駄屋が4軒、靴屋が5軒、呉服太物が3軒、寿司屋が3軒、うどん屋、甘味屋、餅屋、饅頭屋、等々。

スーパーやコンビニのない時代、ここへ来れば無いものは無い。もちろん夢も希望も人情もあった。無いのはお金だけ（?）。

祭りで遊びも人生も学んだ

名古屋の夏祭りの先駆けである6月1日の筒井町天王祭では、か

旧アーケードをくぐる山車（1956年）

京枡座前（1954年）

らくり人形とお囃子で神皇車《じんこうしゃ》の曳行。

　商店街の旦那衆は店をカミさんにまかせ、羽織袴で先頭を歩いてご祝儀をいただき、青年会の息子たちは1週間も10日も会館に泊まり込んで飲み明かした。雨が続けばやむまで延期。勤め人はそこから会社にゆき、戻ればまた会館で酒と博打も。

　遊びの少ない時代の若い衆は、祭りで集まり、そこで先輩から良いことも悪いことも学び、長幼の序を実地で習ったってことか。

（加藤善久）

＊写真は犬塚孝信氏提供

筒井小学校正門前（1956 年）

筒井町旦那衆（1956 年）

1965 年改造の水銀灯街路灯

御祓い（1955 年）

銭湯はまちの寄合所

昭和30年代の銭湯事情

昭和30年代のまちの風景写真を見ると、まだビルなどの大きな建物は少なく、煙突のそびえる姿を目にすることがある。工場以外で高い煙突を立てているのは、ほぼ銭湯と考えて間違いない。銭湯の高い煙突は、湯を沸かす燃料の廃材を焚くために必要な設備であり、その地域のランドマーク的な役割を担っていた。まだ家風呂があまり普及していなかった当時、銭湯は庶民の生活の一部であり、人々の集いの場としても機能していた。

敗戦後10年を経て、日本が高度経済成長の真っ只中にあった昭和30年代当時、愛知県内の普通公衆浴場、いわゆる銭湯（湯屋、風呂屋）はどのような状況にあったのだろうか。

普通公衆浴場の全国の軒数は1960年（昭和35）に2万2240軒、1970年には2万2120軒と10年間で緩やかな下降をみせるが、愛知県では昭和30年代から40年代初めにかけて銭湯の最盛期を迎える。愛知の銭湯件数の変遷を見てみると、戦後間もない1948年には379軒だったが、1955年には698軒と7年間で8割以上も増え、その後も右肩上がりに推移してゆく。そして東京オリンピック開催の1964年には816軒と最多を記録し、翌年は4軒減らすも、1968年には同軒数まで戻して二度目のピークとなる。名古屋市内に目を移すと、当時約450軒もの銭湯が稼働している。その後は、ほぼ年間に10～20軒ずつ減少してゆくこと

かつてはタイル貼りの外装だった平田温泉
平田温泉提供

平田町交差点から眺める平田温泉
（東区相生町、1969年12月）
服部重敬氏提供

入口脇に燃料の廃材を積んだ三越湯（中村区名駅）
（現在は和風居酒屋「そら豆」）

となる。1963年には全国の家風呂普及率が6割近くに達するが、この背景には1960年代の高度経済成長期に国民生活が飛躍的に豊かになったことが影響している。

　次に、愛知県の入浴料金の変遷を10年ごとに見てみよう。1945年の大人料金が17銭、小人（未就学児童）が10銭、洗髪料が15銭、1955年では大人15円、中人（小学生）12円、小人6円、洗髪料10円、1965年は大人28円、中人15円、小人8円、洗髪料5円と、洗髪料以外は数年に一度の割で値上げをしている。ちなみに、1955年の大卒公務員初任給は8700円、かけそばは27円、喫茶店のコーヒーは50円、40年ではそれぞれ1万9610円、50円、80円となっており、庶民の生活に直結する銭湯入浴料には、他の物価に対してより割安な感がある。

　愛知県の銭湯入浴料に関して面白い記述があるので、ここに紹介してみたい。戦後に名古屋で始まった大相撲本場所の七月場所、通称名古屋場所に出場する力士を対象に、1960年6月に相撲入浴料金の件として洗髪料金を含む一人金20円とすることが愛知県浴場組合の理事会で決まった。同年の料金設定は大人17円、洗髪料10円の計27円であり、当時の力士に対して優遇措置がとられたことは実に興味深い。

　そして昭和30年代といえば、1959年9月に名古屋及び尾張地方を直撃し、今も未曾有の災害として記憶される伊勢湾台風が襲来する。その後には、避難所入浴券や罹災入浴券が配布されるなど、銭湯が被災した庶民の生活を支える存在として有効利用された事実をここに記しておきたい。

木造三階建ての立派な建屋の宝寿湯（東区白壁）（1965年）あいち銭湯資料館提供

女将の座る番台は、昭和の銭湯の造り
あいち銭湯資料館提供

日本鉱泉と銭湯帰りの少女たち（瀬戸市）（1955年）日本鉱泉提供

銭湯の思い出

廃業後の今も残る電気湯の建屋（中区上前津）

私は戦後昭和の1959年生まれだが、一宮市の育った地域に銭湯が無かったことと家業がプレス加工業を営む労働環境だったことから、物心ついたときには既に吾が家には薪で焚く家風呂が備わっていた。幼少の頃、名古屋市中区上前津の木造アパート橘荘に同い年の従兄弟一家が住んでおり、泊まりに行った折には近くにあった銭湯の電気湯に入った。その広い湯船と高い天井には、幼心にも家風呂とは違う開放的な雰囲気を感じた記憶がある。橘荘は取り壊されてもう存在しないが、廃業した電気湯の建屋は今も残り、大須に寄った際には現存確認しながら当時の事を懐かしく思い出している。

2013年に私の企画による「大日本銭湯展」を開催した当時、愛知県内で営業する銭湯は129軒であったが、2021年11月現在では名古屋市内に53軒、その他地域には16軒の計69軒と、8年間でほぼ半数へと数を減らしてしまったのは何とも寂しい限りだ。

銭湯展をきっかけに銭湯愛好仲間も増え、銭湯の魅力を改めて認識した私は、今では週に二回ほど銭湯通いをするに至っている。

銭湯を通じて昭和30年代を振り返るとき、庶民の暮らしは貧しくとも人々の心は豊かだったと実感するのは、おそらく私がその時代に生まれ子供時代を過ごしたからだと思うのだ。（加美秀樹）

【あいち銭湯資料館】

昔懐かしい銭湯文化を体感

愛知県浴場組合（愛知県公衆浴場業生活衛生同業組合）の事務所2階にある、全国的にも珍しい銭湯に特化した資料館。廃業した銭湯から寄贈された銭湯関連の備品や資料が数多く展示され、番台や洗い場などのセットも再現されている。

【住所】〒460-0012
名古屋市中区千代田 3-9-14
【電話】052-322-5735
【開館時間など】
10時～16時
土・日・祝・年末年始・お盆休
入館無料
https://aichi1010.jp

「△使用后はどうぞ番台に返して下さい」と書かれたアルマイト製湯桶と、1963年登場のプラスチック製“ケロリン”湯桶　加美秀樹蔵

入浴時の注意が書かれた琺瑯引きの看板
あいち銭湯資料館蔵

第2章

焦土から高度成長へ
——変わりゆくまちの風景

1953年9月の堀川（「名古屋アイスパレス」〔手前の大きな建物〕付近の上空から北を見た所）
青山眞吾氏蔵

名古屋テレビ塔——戦後復興の目玉・東洋のエッフェル塔を久屋大通に

国内初、鉄骨構造は船舶技術を応用

遠くの映像を見るという人類の夢を見事に実現したのが「テレビ(遠く)・ビジョン(見る)」である。

この夢の実現に向けて、名古屋では、愛知県、名古屋市、郵政省(現在の総務省)、日本放送協会(NHK)、中部日本放送(CBC)、名古屋財界など、国・地域の総力を結集した大プロジェクトで、名古屋テレビ塔株式会社が設立された。1953年(昭和28)のことである。

工事はすべて人海戦術

施設は工事期間9カ月間という考えられないほどの早さでおこなわれ、1954年に日本で初めての「集約電波鉄塔」が完成した。

着工直後の建設現場

開業当日の賑わい
(1954年6月20日)

テレビ塔から北を展望したところ

*本項の写真で出典の明示がないものはすべて名古屋テレビ塔株式会社提供

地域に元気を呼び込んだテレビ塔

街にはまだ戦災の傷跡が残る中、戦災復興計画の目玉「100m道路・久屋大通」の真ん中にできた当時東洋一のタワー。高さは180mで、90mのところに濃尾平野が見渡せる展望台をもつ。たちまち全国に知れ渡り、爆発的な人気となった。

時を刻む貴重な文化財へ

テレビ放送は戦災復興政策としての役割も担い、白黒放送からカラー放送へと、着実に茶の間の主役として急速な普及を遂げた。テレビ塔もまた、大都市名古屋の戦後復興を見続けた。いまも名古屋のシンボルとして多くの人々から親しまれている。

時を刻むにしたがい、文化財として価値の向上も期待されている。

（大澤和宏）

早春の空は、くっきりと遠くが見えた。展望台の双眼鏡で景色を楽しむ家族連れ。
（「街のパンフレット」75号、1958年）

テレビ塔3階北側にあったビデオホール。野球や角力のときはお客様でいっぱいになったという。
（「街のパンフレット」75号、1958年）

開業1年後のテレビ塔

完成したテレビ塔

進駐軍家族が住んだアメリカ村

白川公園一帯に進駐軍の住宅があった

名古屋市中区の市科学館などがある白川公園はかつて、進駐軍の米兵家族らが住む「アメリカ村」だった。

太平洋戦争終結後、連合軍は全国各地に進駐した。名古屋の進駐は1945年（昭和20）9月26日にはじまり、翌月には本隊が名古屋港に上陸した。一部は岐阜や静岡に移動し、名古屋に進駐した部隊は1万数千人だった。

司令部は広小路の大和生命ビルに置かれ、米軍第五空軍が管轄した。第五空軍は1946年8月に進駐軍家族の住宅の建設を命令し、1947年5月ごろには現白川公園一帯に一般将校家族用の「アメリカ村」、1949年3月ごろには名古屋城三之丸の旧練兵場（現名城病院ほか）に高級将校家族用の「キャッスル・ハイツ」が建設された。「アメリカ村」が建てられた地区はもともと商業地区だったが、戦災で大半が更地になっていた。

「村内」の施設は時代によって変わったが、1953年時点では95棟194戸。一戸建てや2〜4戸の連続住宅もあった。また教会や学校、体育館、プールなどもあった。

ここはおとぎの国か？

1952年6月、愛知県の主婦らが「アメリカ村」を見学。同月6日付けの「名古屋タイムズ」が同行記を載せている。

「赤屋根とグリーンの芝生が織りなすファンタスティックな雰囲気、

1957年12月、「アメリカ村」で開かれたクリスマスパーティー。

1955年12月、進駐軍司令部の入った大和生命ビルのクリスマスイルミネーション。

その間を縫って滑るように走る豪華な自動車、和服のオバさんたちはオトギの国に来たような錯覚にとらわれながら、バーンサイド曹長の家を訪れた」「愛想よく迎える夫人、メードの伊東さんの通訳兼案内で見学が始まる。〝まずコーヒーをどうぞ〟と香り高いホンモノがバーコレーターからなみなみと注がれドウナツ、ケーキなど山のように盛った皿が出ると老婦人が思わず〝どうも済みませんナモ〟と頭を下げた」

「居間、食堂に続くキッチン・ルーム（台所）は二坪にも満たぬ小さな部屋だが、整然と並べられた電気レンヂ、電気冷蔵庫、ボイラー、トースター、ミクサーなどメードさん一人で〝おさんどん〟十数人の威力を発揮する」「二階は夫婦の寝室と子供部屋、便所、風呂といった配置だ。便所と風呂が同居しているのを見るとこれだけは〝うらやましくないわ〟。豪華なステート・サイド・ベッドに恐る恐る腰かけてみて、ふわり柔らかいクッションに〝死ぬまでに一度こんなベッドで…〟という顔のオバさん」（原文ママ）

「アメリカ村」と「キャッスル・ハイツ」は1958年6月30日に接収が解除され、撤収した。

（長坂英生）

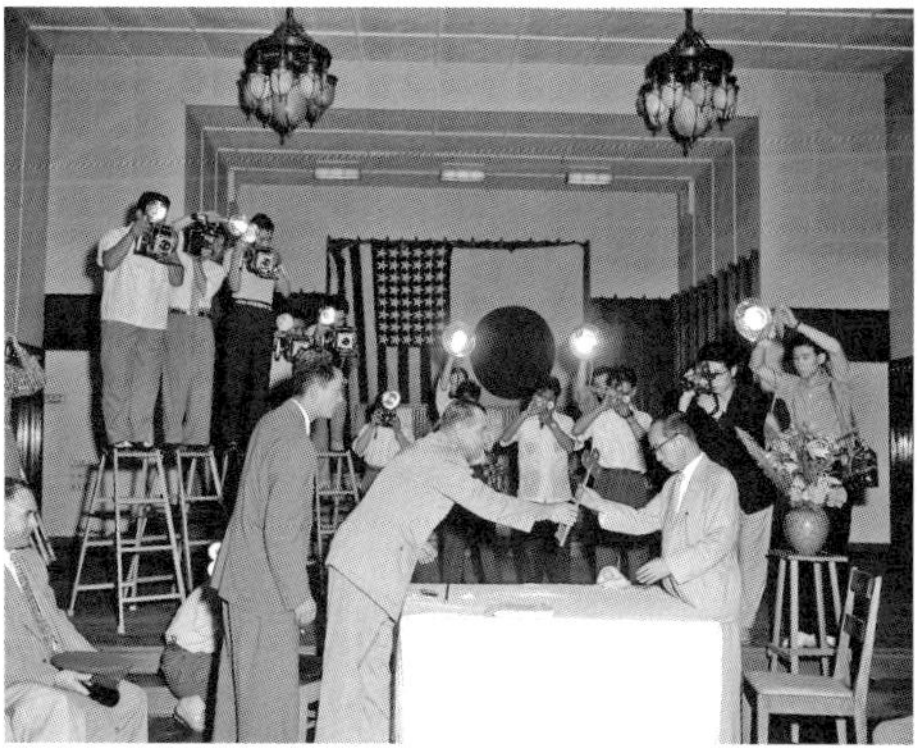

1958年6月30日、アメリカ村の教会でおこなわれた接収解除に伴う返還式。

進駐軍家族が居住した「アメリカ村」（1957年9月）

＊本項の写真はすべて名古屋タイムズアーカイブス委員会提供

名古屋城天守閣の再建

〝尾張名古屋は城でもつ〟と親しまれる名古屋城天守閣が1959年（昭和34）に再建（鉄骨鉄筋コンクリート構造）された。完成直後に伊勢湾台風が来襲し、鯱が呼んだのではという噂もあった。

名古屋城は、徳川家康が関ケ原の戦いの後、豊臣氏の東上に備えて1610年（慶長15）に築城に着手、1612年（慶長17）に天守・櫓などが完成した。本丸御殿は1612年から作業を始め、1615年（元和元）に完成、二之丸御殿も1617年に完成した。その後改変されながら尾張徳川家の居城として明治維新を迎え、1893年（明治26）まで陸軍省の所管となった。同年、宮内省に移管され名古屋離宮となる。1930年（昭和5）に名古屋市に下賜され、城郭として国宝第1号となり、一般公開された。

1945年5月14日の空襲により天守閣、本丸御殿などが焼失、名古屋のシンボルは失われ、石垣だけが残った。

昭和30年代に入り、名古屋城再建の声が各方面から寄せられ、天守閣、小天守閣、正門、剱塀などの再建計画が発表された。1957年に本格的な再建事業が始まった。1959年10月、名古屋市制70周年記念事業として竣工。総工費は6億4千万円。そのうち2億円は市民などからの寄付であった。

その後、再建された天守は1962年に博物館相当施設に指定され、展示や催事に活用された。

名古屋城の本丸には、天守閣とともに本丸御殿があった。疎開し

再建前の名古屋城（左端に天守台）
（1956年10月）伊東重光氏蔵

戦災で焼失した天守の石垣
（1956年10月）伊東重光氏蔵

名古屋城内で開催された乗り物フェアー
（1955年4月）伊東重光氏蔵

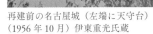

て戦災を免れた内部の豪華絢爛な障壁画などを忠実に模写して復元、2018年に本丸御殿復元工事が完了、全面公開された。

名古屋城のシンボル・金鯱

名古屋城の再建時に市民が最も熱望していた金鯱の復元も実現し、天守閣大棟に取り付けられた。

その後、金鯱は3回にわたって地上に降り、市民に公開されている。最初は1984年。再建25周年に開催された「名古屋城博」、次は2005年に金鯱と本丸御殿障壁画復元模写の展示を中心とする「新世紀・名古屋城博」。同時期に開催された「愛・地球博」の開会式でもお披露目された。さらに、東京オリンピック、パラリンピックが開催された2021年、「名古屋城金鯱展」で展示された。

（寺沢安正）

筋違橋からの眺望（1958年5月）
伊東重光氏蔵

再建中の名古屋城（1958年5月）伊東重光氏蔵

地上に降りた金鯱（2021年）

再建された名古屋城天守閣（1959年）
（朝日新聞社編『名古屋』）

名古屋の三大商店街にアーケード登場

昭和30年代、名古屋の三大商店街は大須、円頓寺、大曽根であった。これらの商店街に、天候に左右されず買い物ができ、近代的でおしゃれなアーチ状のアーケードが登場した。

大須商店街

大須商店街は1946年（昭和21）に地元の商店主などが「大須盛り場同盟」を結成。大須の復興を目指し、1955年に大須商店街連盟に発展した。現在、9商店街、約450店舗が加入している。

1957年、万松寺通商店街に大須初のアーケードが完成した。これ以降1963年までに万松寺通、大須新天地通、大須東仁王門通、大須仁王門通、大須観音通、大須本通の6商店街にアーケードが建設された。

昭和30年代初め、栄の繁栄や100m道路により分断され一時衰退したが、アーケードの建設で人の流れを再び商店街に呼び寄せることができた。

円頓寺商店街

円頓寺の門前町として栄えてきた商店街は、1962年に施行された商店街振興組合法により、円頓寺商店街振興組合が発足、翌年には円頓寺本町商店街振興組合ができた。

両商店街は名古屋市江川通を境に東側に円頓寺商店街、西側に円頓寺本町商店街・西円頓寺商店街に分かれている。

円頓寺商店街にアーケードが設置されたのは1964年、その後、1989年に屋根の取換え、2015年に青空が見える全長220mのアーケードに改修した。

円頓寺本町商店街は、1964年に第1期アーケード工事が完成、1970年に第2期アーケードが建設された。同商店街では、1951年に応募作品から選ばれた「円頓寺本町音頭」がつくられ、当時、NHK専属歌手中野みさお嬢が宣伝カーに乗り、名古屋市中をまわって発表したという。

大須万松寺通りのにぎわい
（1959 年）
（朝日新聞社編『名古屋』）

「円頓寺本町音頭」

作詞：斉木錠一／編曲：杉原義雄

1 咲いたネオンは五色の虹かヨイヨイ
ジャズも流れるきれいな舗道
心うきうき足並みかるく
サーサ円頓寺本町へ
サーサ円頓寺本町へ

2 散歩買い物また夕涼みヨイヨイ
誰も行くはず買いよい見よい
何でもありますよいとこ見どこ
サーサ円頓寺本町へ
サーサ円頓寺本町へ

3 お多賀神社へ願かけましょかヨイヨイ
好きなお方とお茶飲みましょうか
行けば思いは皆とげられる
サーサ円頓寺本町へ
サーサ円頓寺本町へ

大曽根商店街

大曽根地区は昔から交通の要であった。地下鉄大曽根駅出入口で、大曽根本通商店街の一角に大曽根道標がある。この道標には1744年（延享元）、念仏講中によって造られ「西側：右、いゐたみち（飯田道）、北側：左、江戸みち、ぜんくわうじみち（善光寺道）」と刻まれている。大曽根は、名古屋と中山道を結ぶ〝下街道〟が通っていた。今の国道19号線の前身であり、名古屋城下町東北の玄関口として大曽根に繁栄をもたらした。

前出の商店街振興組合法で、1962年に大曽根商店街と大曽根本通商店街が発足した。そして、1963年に西地区の大曽根商店街のアーケード、続いて翌年に東地区の大曽根本通商店街にもアーケードが建設される。

両商店街は非常に繁盛し、大須商店街、円頓寺商店街と共に三大アーケードの商業地点として発展した。（寺沢安正）

円頓寺商店街アーケード完成（1964年）
円頓寺商店街振興組合提供

大曽根本通商店街のアーケード完成時の風景。「東洋一のアーケード」と書かれた看板が見える（1964年）小川珊鶴氏提供

大曽根商店街の七夕まつりの風景（1966年）小川珊鶴氏提供

名古屋まつりの開催

名古屋の秋の風物詩・名古屋まつりは1955年（昭和30）に始まった。前年の1954年に民間企業や業界団体が名古屋の産業をPRする「名古屋商工祭」を開催。翌年から名古屋市が加わる形でスタートした。

第1回は10月10日朝、市内各所で花火が打ち上げられ開幕。20日までおこなわれた。現在、メインとなっている郷土英傑行列はこの年からあった（15日～16日）が、「祭りの華」は16日の山車ぞろいと花電車（13日～17日）だった。

参加した山車は8両でにぎやかなお囃子と威勢の良いかじ取りの掛け声とともに名古屋城前―本町―栄―名古屋テレビ塔を行進した。一方、花電車は夜になると電飾を輝かせて目抜き通りを走った。

郷土英傑行列では徳川家康役を桑原幹根愛知県知事、豊臣秀吉役を小林橘川名古屋市長にやらせる案もあった。

市内各所では地元の祭りが披露されるなどさまざまなイベントが開かれた。「名古屋陶器展」「メリヤス振興展」「伸びゆくプラスチック展」「自動車展示会」「和菓子展示会」「喫茶祭」など産業振興を図る催しが目白押しだった。

（長坂英生）

名古屋まつりで愛知県庁前を行く山車（1955年）

＊本項の写真はすべて名古屋タイムズアーカイブス委員会提供

栄町交差点を通過する花電車（1956 年）

電飾をつけて走る花電車（1955 年）

大須電停を通過する花電車（1961 年）

名古屋まつりに参加した熱田区の小学生（1958 年）

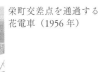

昭和30年代の名古屋の駅

昭和30年代は、名古屋の鉄道の近代化が急速に進んだ時期であった。その筆頭は1964年（昭和39）10月に開業した東海道新幹線であるが、中央本線も1961年～1962年にかけて金山～千種間の高架・複線化がおこなわれており、これにあわせて1961年9月に千種駅が旧駅から北側の現在地に移転、1962年1月に金山駅が開業している。ただ、この時点では中央本線の電化はされておらず、蒸気機関車による運行であった（多治見への電化は1966年5月）。

路線の電化

一方、東海道本線は1953年に稲沢まで電化されていたが、1956年11月の全線電化により特

名古屋駅に停車中の151系特急「つばめ」と153系準急「比叡」（1963年4月）

東海道本線電化直後の名古屋駅（1955年）

名古屋駅コンコース

新幹線開業の装飾がついた名古屋駅（1964年）

急「つばめ」「はと」を始めとする優等列車の名古屋～大阪間が、蒸気機関車から電気機関車による牽引に代わった。1958年11月には151系電車（当初は20系）によるビジネス特急「こだま」の運転が開始される。151系電車は1960年6月に客車特急の「つばめ」「はと」を置き換え、1961年10月には名古屋～東京間の特急「おおとり」も運行を開始した。塗装もカラフルな様々な優等列車が走った東海道本線の全盛期は新幹線開業まで続いた。

斬新な特急列車

　名古屋鉄道、近畿日本鉄道にも斬新な特急車両が登場した。名鉄では1961年6月にわが国初の前面展望車7000系「パノラマカー」が登場。一方、近鉄は1959年9月の伊勢湾台風の被害復旧にあわせて名古屋線の改軌をお

コンコースに掲げられた新幹線開通の大看板（1964年9月）

コンコースに並ぶ正月の帰省客（1962年12月31日）

戦後の風情を残していた名古屋駅の西口（1964年）

1964年10月1日、「夢の超特急」と呼ばれた東海道新幹線が東京～新大阪間で開業した。駅ビル正面やコンコースには大看板が取り付けられ、新時代を迎えた鉄道の歴史的な開業を盛大に告知した。駅裏と呼ばれた名古屋駅西口は、この頃、まだ戦後の風情を色濃く残しており、時代の最先端を走る新幹線と際だった対比を見せていた。

蒸気機関車の活躍していた頃の金山駅（1966年）

＊本項の写真所蔵
NPO法人名古屋レール・アーカイブス
（撮影：荒井友光、伊東重光、神谷静治、倉知満孝、成田愛苗）

こない、同年12月から名古屋〜大阪間で2階建てのビスタカー10100系の運行を開始している。

なお、この頃の近鉄名古屋駅（当時は近畿日本名古屋駅が正式名称）は3面3線の構造で、現在のように4面5線に改良されるのは、1967年である。（服部重敬）

わが国初の前面展望車　名鉄7000系（1961年12月）

3面3線時代の近畿日本名古屋駅（1964年頃）

名鉄新名古屋駅（1964年頃）

開業時の金山駅（1962年）

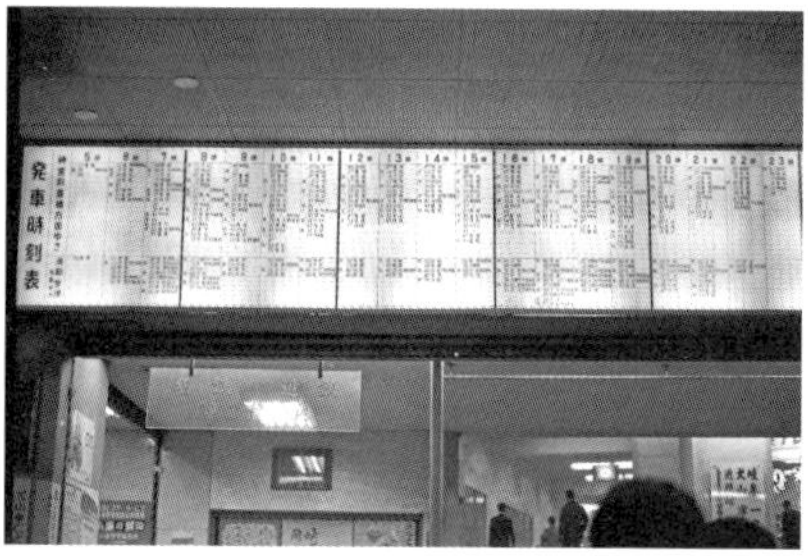
昭和30年代の新名古屋駅。近鉄との共同駅で、改札も共用していた。

開業直後の千種駅（1961年）

近鉄10100系　ビスタカー（1960年）

名古屋の地下鉄開業の頃

名古屋の地下鉄は、わが国3番目の地下鉄として、1957年(昭和32)11月15日に1号線(現東山線)が名古屋〜栄町間で開業した。正式の名称は名古屋市高速度鉄道で、距離はわずか2・4km、駅も3駅で、車両は100形が2両編成で運転され、所要時間は4分だった。運賃は大人15円、小人8円で、開業時から自動券売機でも切符が発売されている。改札は有人であったが、いまの自動改札機の前身として、1958年11月に硬貨を投入し、腕木を前に押して通過する米国製のターンスタイルの改札機が名古屋駅に導入され、後に栄町と新栄町にも導入された(1966年2月対キロ区間制運賃導入で廃止)。

改札口

名古屋駅

伏見駅

栄町駅入り口

伏見駅長者町せんい問屋街改札

＊本項の写真は1957年11月15日撮影

本格的地下街の誕生

地下鉄にあわせ、名古屋駅前には日本初の本格的地下街として1957年3月18日にナゴヤ地下街（現名駅地下街サンロード）が開業。地下鉄開業にあわせて名駅名店街、栄町名店街がオープンし、1日遅れで長者町地下街も開業している。

地下鉄の路線は、1960年6月15日に池下まで3・5km延伸、1963年4月1日に東山公園まで2・5km延伸され、車両も中間に500形をはさんで3両編成化された。東山公園への延伸にあたっては、工事の支障になることから、路面電車を休止して、池下～東山公園間に電車代行バスが運転された。（服部重敬）

栄町駅入り口（1957年11月）

栄町駅名板（1966年）

栄町駅ホーム（1957年11月）

1960年6月に延長開業した池下駅

栄町駅地下鉄名店街

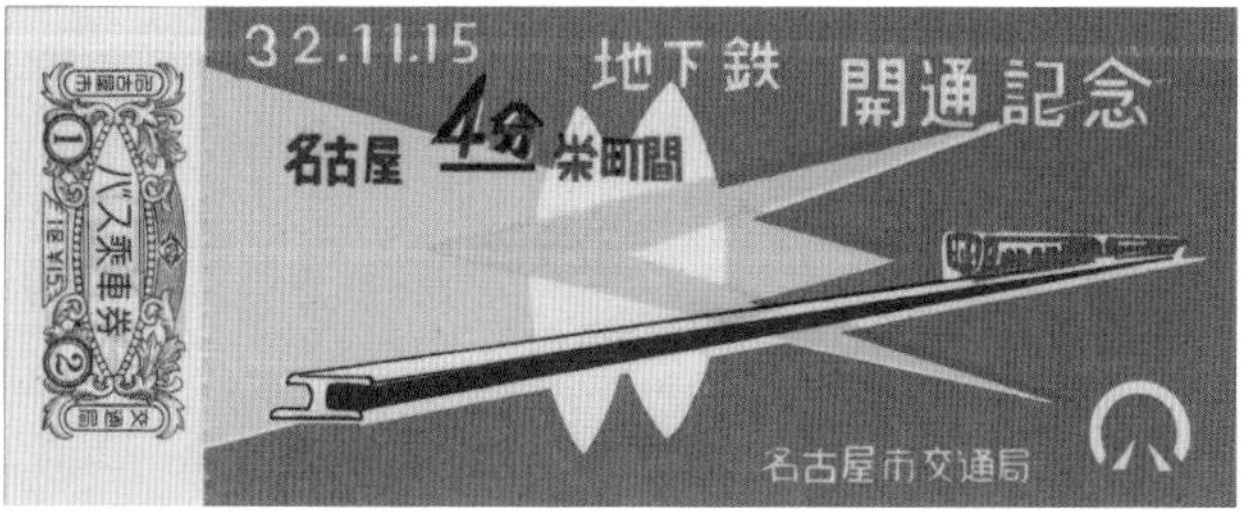

名古屋市営地下鉄開業記念乗車券（バス券）

名古屋市営地下鉄開業記念試乗券

名古屋市営地下鉄開業記念乗車券（地下鉄券）

名古屋市営地下鉄開業記念乗車券（市電券）

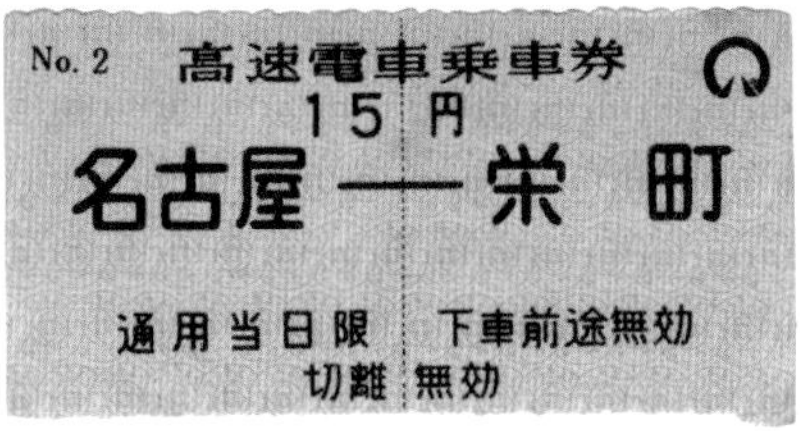

名古屋市営地下鉄開業時の手売乗車券。
地下鉄ではなく高速電車と書かれている。

開業記念マッチ

＊本項の写真所蔵：NPO 法人名古屋レール・アーカイブス
（撮影：倉知満孝、神谷静治、伊東重光） 乗車券所蔵：内山知之

名古屋駅前地下街の誕生

名古屋駅前と中区栄などの地下に広がる地下街。現在、市内の地下街は東京、大阪に次ぐ約17万㎡の規模だが、名古屋初の地下街は名駅前の「名古屋地下街」（現サンロード）で1957年（昭和32）3月に開業した。

同年11月に開通する地下鉄（名古屋駅―栄町）の建設に合わせて、駅前の車と人の交通分離などを目的に施工された。国鉄（現JR）名古屋駅の玄関前から地下に入り、南東の笹島交差点地下に通じる地下道にできた地下街は道幅5m。両側に有名専門店61軒が並んだ。

一方、名駅前の地上は昭和30年代初め、ビルの建設ラッシュとなった。1955年に豊田ビル（現ミッドランドスクエア）、翌年に毎日ビル（同）が完成。57年には名鉄名古屋駅と名鉄百貨店が入る名鉄ビルが10階建てに増築した。

地下街はこの3つのビルと近鉄ビル、新名古屋ビル（現名古屋三井ビルディング）の地下商店街と一体化し、国鉄、名鉄、近鉄、地下鉄への連絡通路となった。当時の表現を借りれば、「さながら一つの地下都市」が出現したのである。名古屋駅前の地下街はその後、「メイチカ」「ユニモール」「エスカ」など「増殖」を重ね、計約8万3000㎡の巨大地下街を形成している。（長坂英生）

名古屋駅前ビル工事ラッシュ（1955年）

＊本項の写真はすべて名古屋タイムズアーカイブス委員会提供

名古屋駅前を空撮
（1957年7月）

名古屋―栄地下鉄開通
（名古屋駅、1957年11月15日）

名古屋駅前地下街（1962年11月9日）

名古屋駅前（1964年3月）

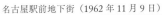

昭和30年代の百貨店——松坂屋を中心に

松坂屋屋上に名古屋城の模型

　松坂屋名古屋店は、終戦直後の1945年（昭和20）9月1日から戦災に遭った店舗の復旧工事に着手、翌年7月16日に1階の改装工事が完了した。その後、1949年秋までに6階の北半分と7階ホール、中8階を除き、地下2階から屋上まで一応の復旧をみた。同年、6階で「名古屋市制60周年記念展」（10月1日〜9日）、5階で「名古屋城障壁画展」（同）を開催。屋上では空襲で焼失した名古屋城の模型の展示をおこなった。

　1951年には、内部の復旧工事がほぼ完了し、あとは外装を残すだけとなっていた。1953年9月20日、その外壁のタイルの張り替えと北入口の拡張、屋上のミュージック・サイレン設置の工事が終了し、全館が新装となった。これを記念し、「全館新装記念大売出し」を大々的におこなった。

復興とともに

　1953年10月1日に丸栄百貨店が増築開店、翌1954年には5月28日にオリエンタル中村百貨店（現名古屋栄三越）が栄町角へ進出、12月1日に新名古屋駅に名鉄百貨店が一部開店するなど、名古屋地区の商戦はますます厳しさを増していった。

「名古屋開府350年」を迎えた1959年、4月に名古屋市とロサンゼルス市との間に姉妹都市提携が結ばれ、さらに10月1日には1945年5月の空襲で焼失した名古屋城の天守閣も再建され、これで名古屋の戦後も終わったとい

南大津通りから見た松坂屋。1953年に外壁を一新した（写真は1959年）

松坂屋の駐車場は、久屋大通り側のエンゼルパークにもあった。地下駐車場ができるのは1966年のこと（写真は1960年頃）

われた。また1950年に約100万人だった名古屋市の人口が、1960年には150万人を超えるまでになっていた。

進む増築・増床

　このような都市の再興、成長に対応して、1956年3月に丸栄が新館を建築、1959年5月に名鉄百貨店が6・7階部分を開業、さらに1962年10月にはオリエンタル中村が8階建ての東館を建設するなど、百貨店の増築・増床が盛んにおこなわれた。

　こうした状況下、松坂屋も久屋大通り側の増築に踏み切り、1964年9月30日には7階までが完成、中部地区最大の店舗（売場面積3万3880㎡）となって華々しく開店した。（菊池満雄）

百貨店発祥の地・栄交差点南西角にあった松坂屋栄町支店（サカエヤ）は1960年に閉店した（写真も同年）

1964年に久屋大通り側に完成した松坂屋の新館。67年開通予定の地下鉄ともつながるようになっていた。

1949年、市制60周年を記念して、松坂屋の屋上に名古屋城の大きな模型が造られた。

かつて百貨店の名物といえば大食堂。休日に家族揃って出かける場所だった（松坂屋1959年）

百貨店の屋上の遊園地は、家族連れで賑わった。（松坂屋1959年）

高度成長を支えた陶磁器

昭和30年代まで名古屋港の輸出額は常に陶磁器がトップで、ちょうど1965年（昭和40）に鉄鋼・自動車と入れ替わる。名古屋市内は東部を中心に、大小の絵付け工場や貿易商社がひしめき合い、ものづくりの活気に満ちていた。名古屋から世界へ、陶磁器製食器が大量に輸出された時代だった。

今の山田天満宮あたりにあった名古屋製陶所は、明治末期に名古屋財界の援助によって始まった洋食器メーカーで、筆頭株主は松坂屋。最後まで松坂屋出身者が経営に参画していた。

千種区の東部医療センター近くには、名古屋陶磁器業界のボス・水野保一の瀬栄絵付け工場があった。ヒット商品である武者小路実篤原画の食器揃いは、水野が武者

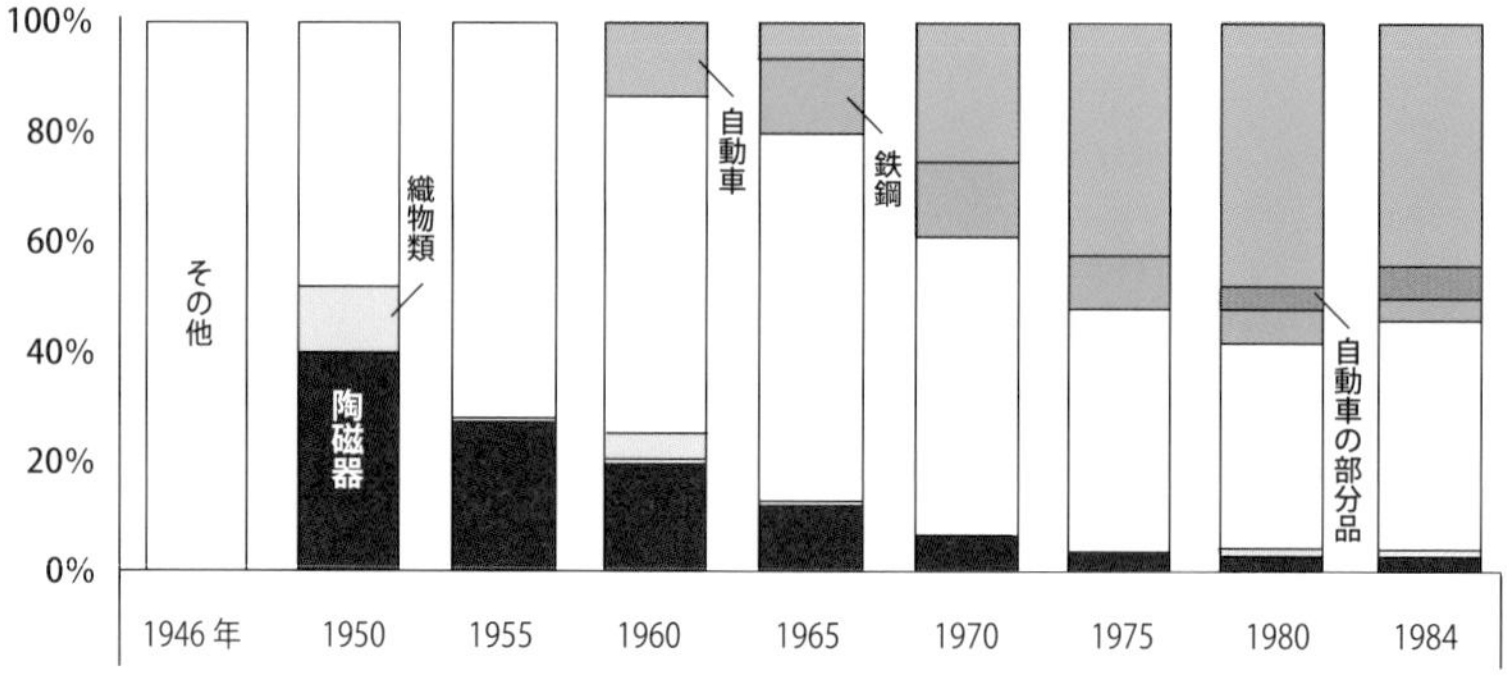

名古屋港における輸出品目の貿易構成　1946年～1984年（名古屋税関調査統計課）

1955年頃の名古屋製陶所
名古屋陶磁器会館蔵
戦前は、日本を代表する洋食器メーカーである日本陶器（現ノリタケカンパニーリミテド）のライバルといえるほどの存在だったが、戦後は縮小を余儀なくされ、1970年頃に解散となった。

1960年前後の瀬栄千種工場のトンネル窯（「瀬栄　創業70周年記念誌」）
瀬栄は守山、瀬戸市、四日市に陶磁器生産工場を持っていた。それらの工場でつくられた陶磁器は千種工場に集められて絵付けが施されたのち、海外や国内へ出荷された。

小路と懇意だったため実現した。

東区には1932年建設の名古屋陶磁器会館が昔の姿のまま残っている。今では名古屋に陶磁器産業が栄えていたこと伝える唯一の証言者となった。（小出朝生）

1958年前後に発売された武者小路実篤原画の食器揃い
（『瀬栄　創業70周年記念誌』）
この食器揃いは、名古屋陶磁器業界のボス的存在だった水野保一の個人的な好みによって誕生したものだった。水野は1963年にがんのために死去。その後、同社は1980年代初頭に操業を停止した。

瀬栄を訪問した武者小路実篤（右）と水野保一（小出種彦『茶わんや水保』）

名古屋陶磁器会館　1959年撮影。名古屋陶磁器会館蔵
当時は名古屋陶磁器関連の組合事務所などが入所していた。現在、名古屋陶磁器会館のみがこの写真の姿のまま残り、周辺の建物はマンションなどに建て替えられ、すっかり景色が変わってしまった。

平和公園の大集団墓地

都会のオアシス平和公園

お盆やお彼岸の季節になると、平和公園に墓参りに出かける名古屋人は多いのではないだろうか。平和公園は、名古屋市東部丘陵地域にある集合墓地公園である。墓参りはもちろんのこと、都会のオアシスとしても親しまれている。現代の名古屋人にとっての墓参りと自然が満喫できる大切な場所、それが平和公園である。

戦災復興計画

平和公園の成り立ちは、アジア・太平洋戦争で名古屋が焼け野原になったことにさかのぼる。名古屋市は戦災復興計画の一環として、防火・防災と来る車社会到来に備えて道路拡幅によって「100m道路」と呼ばれる片側3、4車線の道路「久屋大通」と「若宮大通」を直線で建設することなどを計画する。

この計画を発案したのが、田淵寿郎（1890～1974）である。「田淵構想」とも称される名古屋市復興計画は、人口200万人になっても支障のない都市を建設する、地下鉄・公園なども復興計画にいれる、工業、商業、住宅地区を再検討する、などが主軸であり、なかでもその根幹をなすのが「100m道路」建設と墓地の

田淵寿郎
（『名古屋復興計画史』）

墓地移転中の風景　乾徳寺蔵

集団移転計画であった。

墓地の移転と寺院の協力

この田淵構想には新たに広大な土地の確保を必要とした。そこで田淵が着目したのが、市中に散在する多数の寺院に付設する墓地であった。彼はそれらの墓地を郊外に集めまとめることで、市中に新たな都市インフラ用の用地を創出しようとした。名古屋には、東寺町、南寺町など寺院も多く、それぞれが境内地やその周辺に墓地をもっていた。彼は、この墓地を一カ所に集め、集団墓地とすれば、区画整理による土地不足も解消する、また被災したり檀信徒が離散した寺院の再建の足がかりとなる、衛生上と美観上の問題も解決できる、と墓地を新たな開発空間を創出するための好条件が揃う地域的特質として前向きに捉えたのである。

しかし、墓所と寺院が分離することは、檀家にとっては、寺に出かけても墓参りをすることができない、墓地まで遠く不便という不満があった。寺院にとっても檀家がお寺を訪ねてくる機会が減り、寺院運営が成り立たないとの主張もあった。そしてなにより、先祖の墓を掘り起こすことは、寺院と檀家両者にとって抵抗感があるという問題点は大きかった。そのため田淵は、寺院の説得にあたる。関係する各宗派の代表16人が集まり、「名古屋市戦災復興墓地整理委員会」が結成され、乾徳寺の高間宗道住職が初代委員長に任命された。墓地の換地は3割程度増加して交付すること、移転費用は名古屋市が負担すること、などが約束された。名古屋を文化都市として復興させるには、できる限りの協力は惜しまないとの考えの下、名古屋市と同意へとこぎ着けたのである。

平和公園の建設

１９４７年（昭和22）、２７９箇寺が管理所有する墓碑18万基余りを、約１４７haの平和公園用地への集団移転する事業が開始された。１９５７年には墓碑の移転もほぼ完了し、墓地の建ち並ぶ人々の憩いの公園へと生まれ変わったのである。（朝井佐智子）

現在の平和公園墓地の様子

中川運河と松重閘門の戦後

東洋一の中川運河

中川運河は当時「東洋一の大運河誕生」と言われて1930年（昭和5）に完成した。役割は名古屋港と旧国鉄笹島駅を結び、水運による貨物の物流で、名古屋の産業発展を支えるためである。

中川運河は潮の影響を受けないように、運河の水位を一定に保つため「閘門式」とされた。運河には隣接する沿岸用地・道路・建築敷地を確保し、倉庫や工場を誘致された。名古屋港の船舶から貨物を艀《はしけ》は運んでいた。戦後、貨物量の増加に伴い1963年に中川口第二閘門を増設した。1964年には、貨物取扱量401万トン、通行船舶7万5千隻となり最盛期を迎えた。

艀の増加により水上生活者が増え、名古屋市は1967年まで、学齢期の子どものため水上児童寮を開設していた。

美観を高める松重閘門

松重閘門は中川運河の東支線と堀川を結ぶため1932年に完成し開通した。当時の堀川には材木が係留されて艀の運行に支障をきたしていた。

名古屋港から中川運河・松重閘門・堀川を通るルートは、時間短縮され最盛期に年間9万隻近くの通行があった。堀川は中川運河より水位が高いため閘門を設けて船を通航させる必要があった。閘門の鋼製扉を引き上げる巻き上げ装置を支持する塔4基はモダンなデザインで美観を高めている。

その後トラック輸送の増加に伴

建設当時の中川口通船門（1930年）

中川口通船門（1955年ごろ）

＊本項の写真はすべて名古屋港管理組合提供

い1968年役割を終えた。市の都市景観重要工作物に指定された。
（大橋公雄）

中川口艀溜
（1955年）

水上生活者（昭和30年代）

艀曳航（石炭積み）（昭和30年代）

松重閘門（昭和30年代）

松重閘門完成（1932年）

名古屋港――日本一の国際貿易港をめざして

港湾統計によれば、名古屋港の総取扱貨物量は2002年より18年連続日本一で、2019年度は1億9444万トンである。また貿易統計においても、2020年の名古屋港の総取扱貨物量の約7割を占める外国貿易の貿易額は14兆7297億円、このうちの輸出額は10兆4138億円で日本一であり、日本経済を支える自動車の輸出台数は111万台で42年間連続日本一である。

名古屋港の現在の臨港地区面積（陸域）は4288ヘクタールで、その規模でも日本一となった名古屋港であるが、その港湾整備は、昭和30年代の稲永ふ頭、稲永第二ふ頭の建設から始まった。

名古屋港管理組合の設立

戦後、港湾の管理運営は、1950年（昭和25）公布の港湾法によって、地方公共団体がおこなうことになった。これを受けて、愛知県と名古屋市は、「名古屋港の開発発展と利用の促進を図り、管理運営を確立し、もって国際的重要港湾となす」を目的とする、特別地方公共団体の「名古屋港管理組合」が1951年に設立された。

名古屋港管理組合の最初の港湾整備事業は、1951年3月の「主要港湾における荷役能力の緊急増加について」の閣議決定に基づいて策定された「名古屋緊急整備3か年計画」による稲永ふ頭の建設であった。同年8月に稲永ふ頭の建設工事は、

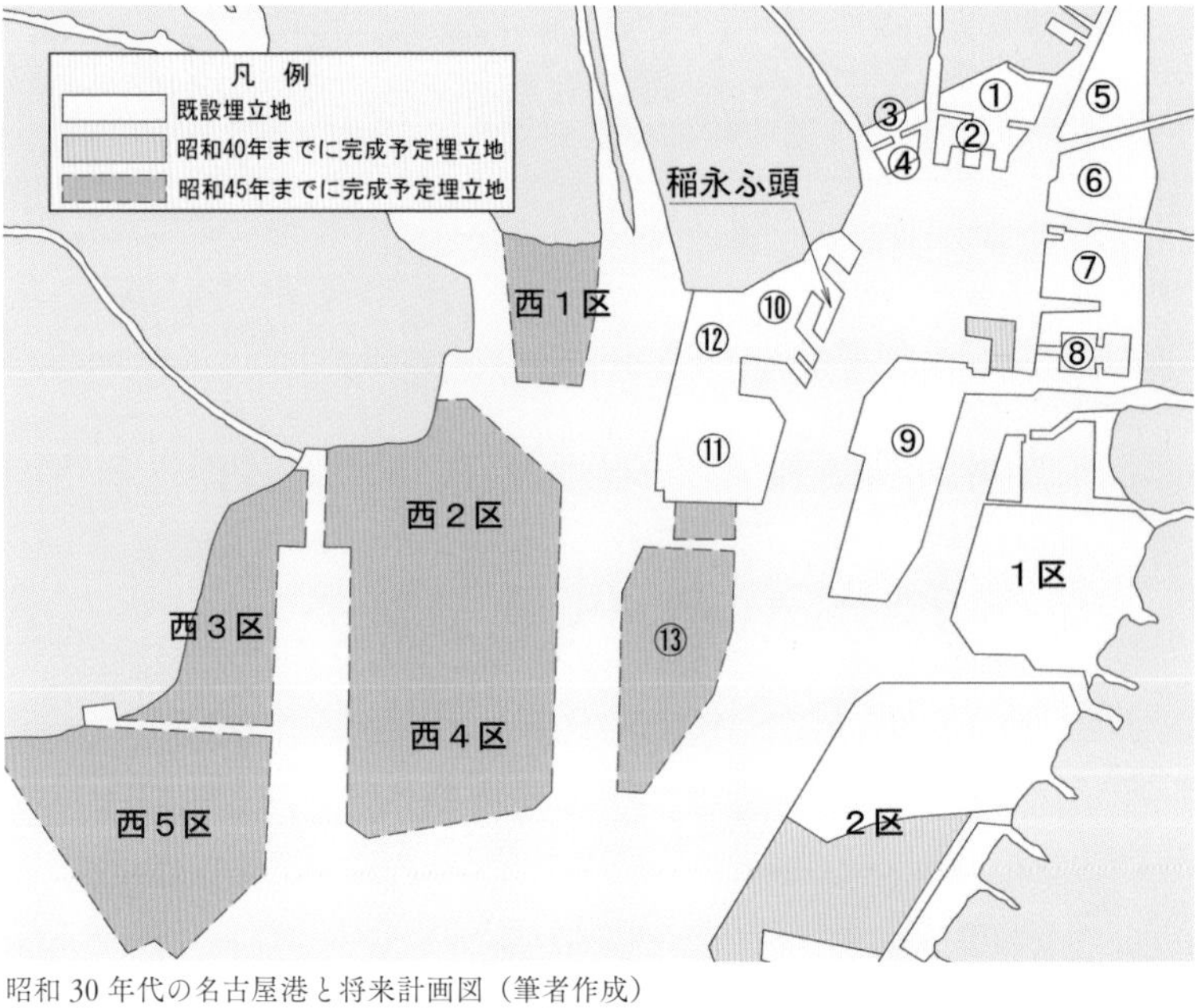

昭和30年代の名古屋港と将来計画図（筆者作成）
①は「一号地」のように、○数字は号地番号を示す

着工した。3カ年計画は、1954年に終了したが、稲永ふ頭の工事は、1953〜57年の名古屋港整備5カ年計画に引き継がれた。

稲永ふ頭の完成

名古屋港は、横浜港や神戸港と異なり、河川の土砂が堆積した遠浅の港で水深が浅く、大型船が入ることのできない港であった。それで、稲永ふ頭の建設にあたっては、浚渫土砂をふ頭用地の造成に利用するという名古屋港築港以来の工法が採用された。稲永ふ頭の埋め立て工事は1958年に完了した。

稲永ふ頭の倉庫や荷役機械などの陸上施設を建設中の1959年、名古屋港は伊勢湾台風に襲われ未曾有の被害を受けたが、官民一体の努力によって港湾機能はいち早く復旧し、翌1960年1月、稲永ふ頭は、使用開始となった。

完成した稲永ふ頭は、幅200m、長さ400m、総面積7万4270㎡、その周囲には延長751mの架出桟橋が造られている。ふ頭の周囲の水深は9〜10mで、1万5千総トン級大型船岸壁1バース（船舶が停泊する水域）、1万総トン級大型船岸壁3バース、小型船岸壁5バースを擁し、当時わが国有数の接岸能力と荷役機械など諸施設を備えた近代的ふ頭で、名古屋港の新しいシンボルとなった。

（石田正治）

1958年時の中央ふ頭と建設中の名古屋港管理組合庁舎（写真左下）（『名古屋港開港100年史』から）

昭和30年代の自動車の積み込み作業（『名古屋港』から）

1963年頃の稲永ふ頭（『名古屋港開港100年史』から）

＊本項の写真はすべて名古屋港管理組合提供

愛知用水の足跡——牧尾ダムから知多半島へ

愛知用水の胎動

２０２１年は、愛知用水が通水してから60周年にあたる。ここではその歴史を簡単に振り返ってみたい。

愛知県の知多半島は比較的細長い半島で、温暖な気候に恵まれている。穏やかな丘陵地帯で、平地は狭く、大きな川もない。地質も地下水を得にくいため、毎年のように干ばつに悩まされ、大小さまざまのため池を谷間につくって灌漑に努めてきた。このような状況から〝木曽川から水を引く〟という構想が古くからあったという。

愛知用水概要図の作成

知多地域は１９４７年（昭和22）に大干ばつを受けて、ため池が壊滅し稲が実らなかった。〝水さえあれば皆が幸せになれる〟と、木曽川疎水実現の決心をしたのが、知多市の篤農家・久野庄太郎と、当時、安城農林高校教諭の浜島辰雄であった。

二人は意気投合して行動を開始、岐阜県八百津町兼山の地点（標高94・5ｍ）から知多半島の先端までを踏査し、１９４８年に浜島辰雄が愛知用水概要計画図を作成した。この計画図は、縦３・６ｍ、横１・６ｍで、縮尺２万５０００分の１の地形図に記載された。現在の愛知用水と比較しても、基本的には大差はない。この概要図は、愛知用水土地改良区に保管されている。

牧尾ダムから知多半島へ

愛知用水の水源は、木曽川最上流部の旧三岳村と王滝村にまたがる牧尾ダムである。そして、中流部の岐阜県八百津町にある兼山取水口で取水して愛知県に入る。

愛知県内では、犬山市から日進市、みよし市、東郷町にまたがる愛知池に入り、名古屋市緑区、豊明市を経て知多半島に入る。知多半島では大府市、東海市、知多市にある佐布里池を経て、阿久比町、常滑市、美浜町を縦断して美浜調整池に達する。

かつて木曽川の水が南知多町の海底導水管を通して最終的に日間賀島、佐久島、篠島に送られていたが、現在、長良川河口堰からの取水に切り替わっている。

また、佐布里池湖畔には愛知用

出会った頃の浜島辰雄（左）と久野庄太郎（右）
独立行政法人水資源機構愛知用水総合管理所提供

水神社と愛知用水観音堂が祀られている。

愛知の縁の下の力持ち

愛知用水は愛知県の工業化に貢献した。特に名古屋南部工業地帯に臨海コンビナートの誘致を可能にすることができた。

愛知用水通水後の1965年、知多浄水場の近くに佐布里池（貯留能力500万トン）が建設され、これにより工業用水の安定供給が可能になったのである。当時、東海製鉄、大同特殊鋼、中部電力火力発電所など重化学工業産業の立地が促進された。

（寺沢安正）

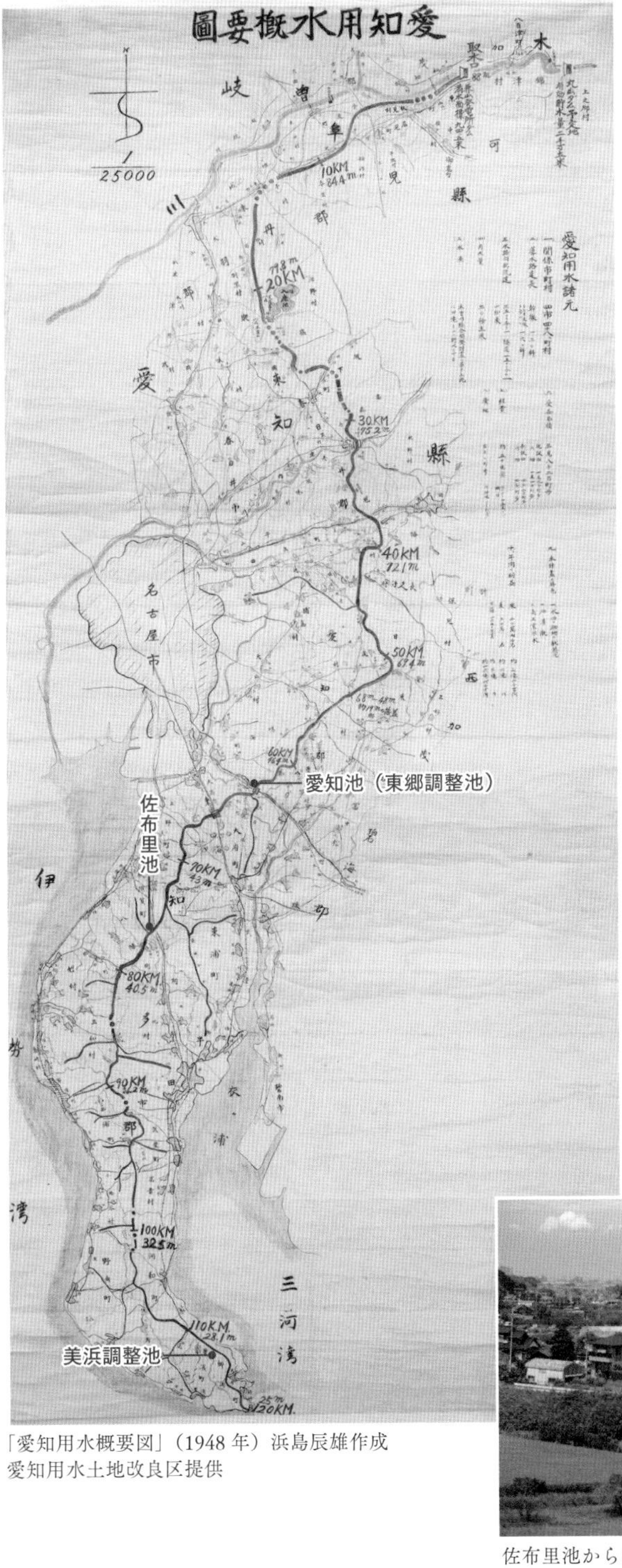

「愛知用水概要図」（1948年）浜島辰雄作成
愛知用水土地改良区提供

佐布里池から名古屋南部臨海工業地帯を望む。

はじめての橋上駅舎

1962年（昭和37）5月に珍しい大高駅ができている。東海道本線のプラットフォームの上にできた橋上駅という変わった形の駅である。

なぜ、プラットフォームの上にできたのか。それまでの駅は1935年に建てられたが、東海道新幹線用地の上にあるため1960年からの東海道新幹線工事により取り壊したのである（図1、2）。

新しい駅は、出札口、待合コーナー、売店のスペースを設け、乗降者は東海道本線の上に架けた跨線橋を利用するが、乗降者以外の町民も自由に往来できる（図3、4）。

今では橋上駅をよく見かけるが、当時このような駅は珍しく、東京周辺に5カ所、地方では名古屋鉄道管理局管内の大高駅が初めてである。

その後大高駅は、東海道本線の高架化、東海道本線と平行してできた大府・笠寺間の貨物線の高架建設のため、高架下の駅になり現在に至っている（図5）。

（深谷 篤）

図1　東海道新幹線の用地の上に建つ大高駅。西の方角から東の方を写している。

図2　1935年に建った大高駅。この駅が解体となった。

図3　完成した橋上駅。大高町の南の方から写している跨線橋を上っていくと、町の北側に行くことができる。

図4　移設後の大高駅。売店・跨線橋の通路、待合コーナーが写っている（『東海道新幹線工事誌』から）

図5　現在の大高駅。高架下の駅になった。

第3章

まちの記憶をたどって①

キャバレー街のネオンサイン（朝日新聞社編『名古屋』）

まちかどの名建築　丸栄百貨店

モザイク壁画

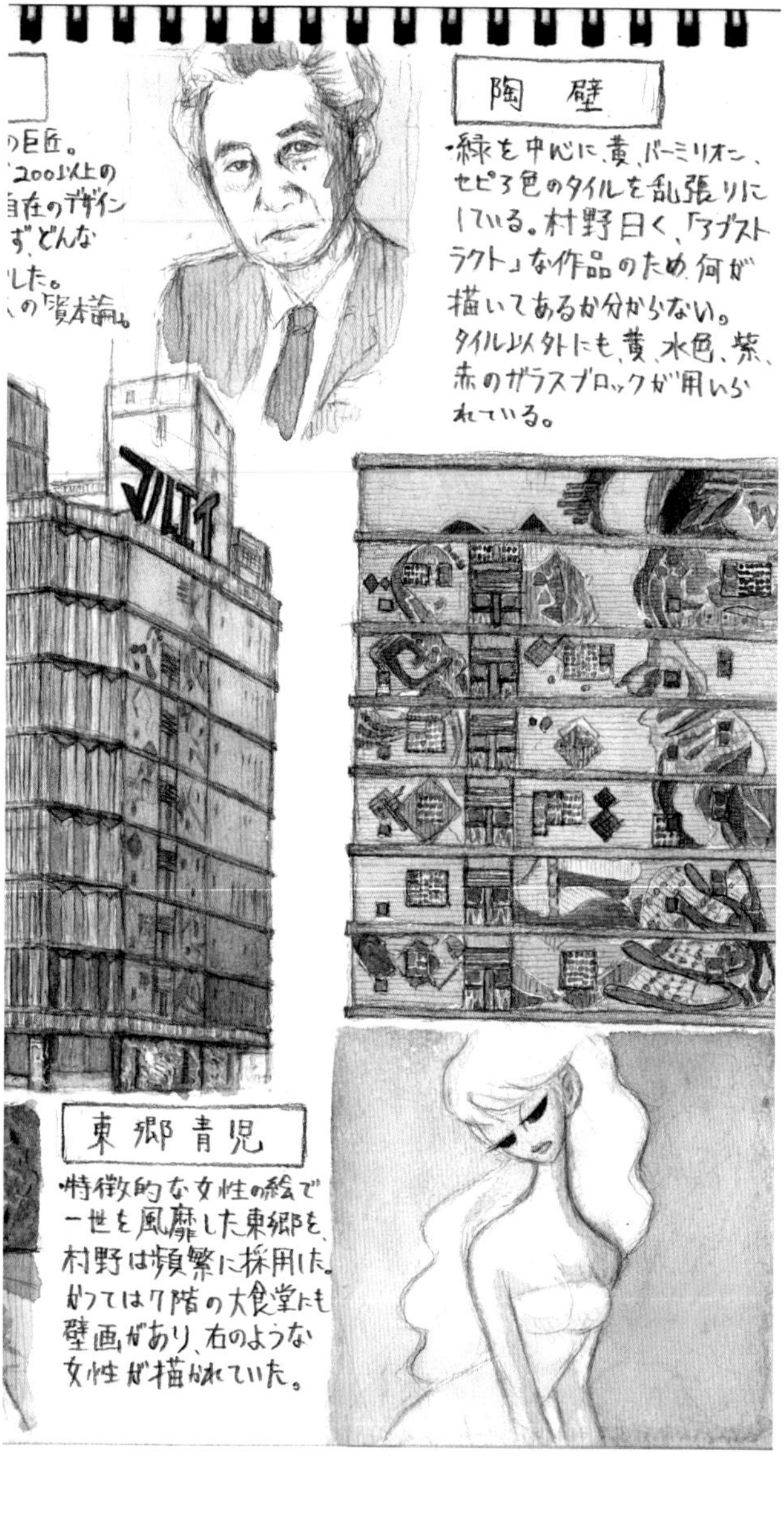

陶壁
緑を中心に黄、バーミリオン、セピア色のタイルを乱張りにしている。村野曰く、「アブストラクト」な作品のため何が描いてあるか分からない。タイル以外にも、黄、水色、紫、赤のガラスブロックが用いられている。
マルエイ
東郷青児
特徴的な女性の絵で一世を風靡した東郷を、村野は頻繁に採用した。かつては7階の大食堂にも壁画があり、右のような女性が描かれていた。

昭和30年代。名古屋駅から東に走る路面電車の栄町線に乗って、広小路本町を過ぎ、多くの人びとで賑わう栄町に到着する直前、深緑色を基調に、黄、バーミリオン、セピア色のタイルで造られた大きなモザイク壁画が見えてくる。屋上階には赤い文字で「マルエイ」の看板が掲げられた、丸栄百貨店だ。

このモザイク壁画が広小路通のまちかどに登場したのは1956年（昭和31）で、その2年前に7階建ての百貨店としてオープンし

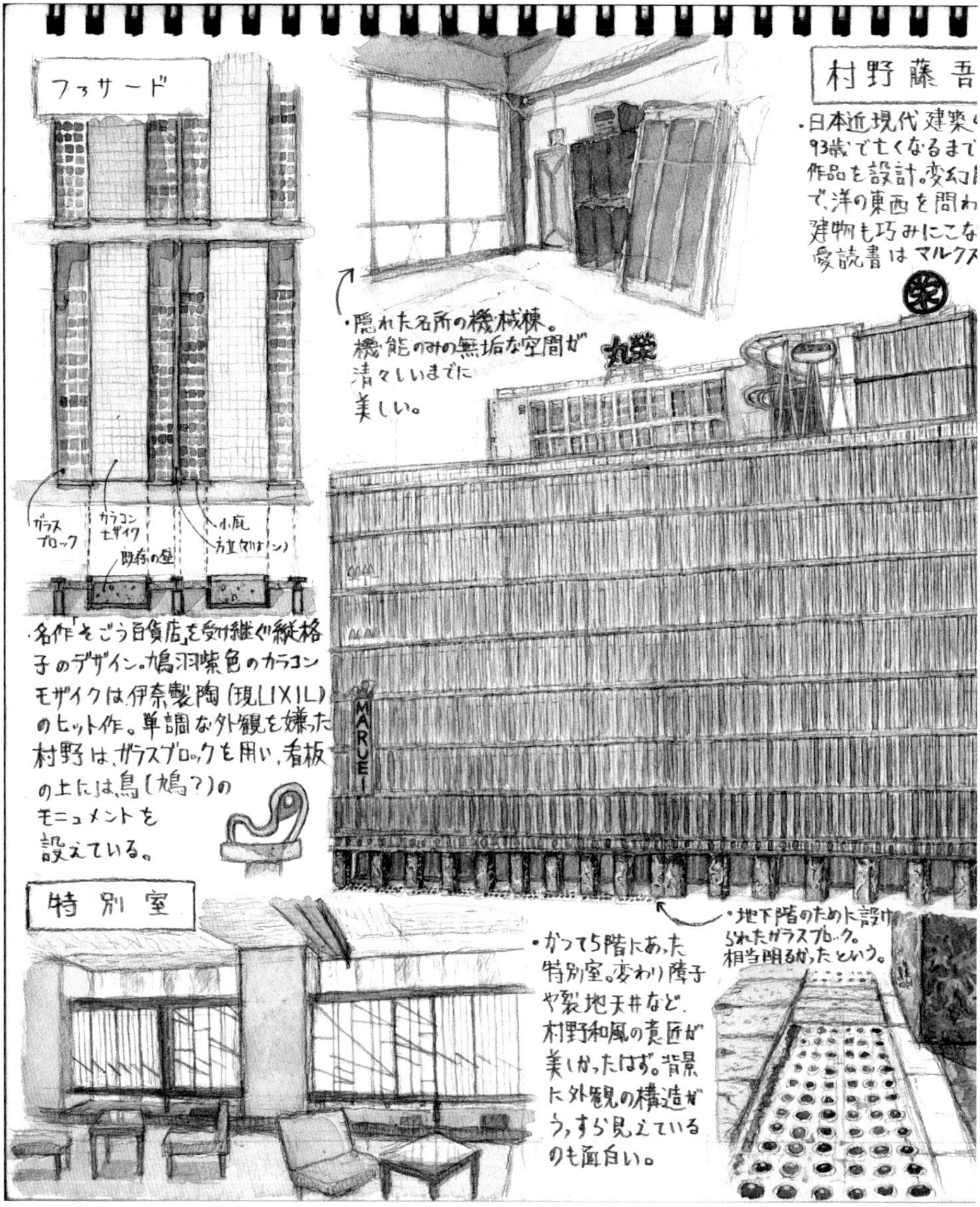

丸栄百貨店閉店の際に配布されたリーフレットのイラスト（村瀬 画）。
建物の見どころを紹介している。
約２万枚が刷られ、閉店の４日前に無くなった。

た丸栄の増築部の西の壁面に誂《あつら》えられた。デザインは百貨店の増改築を担当した建築家の村野藤吾で、村野は日本の近現代建築を代表する関西の建築家である。百貨店建築への造詣も深く、大阪心斎橋のそごう百貨店をはじめ、多くの作品を手掛けた。

丸栄前史

株式会社丸栄は、江戸初期に名古屋で開業した呉服商十一屋と、1937年に名古屋商工会議所と京都の丸物百貨店が開業した三星百貨店が、日中戦争時に企業整備令で合併して創立された。

丸栄百貨店は、三星百貨店として建てられた鉄筋コンクリート造の店舗で営業を開始した。この建物は、清水組（現在の清水建設）が設計・施工を請負い、地上8階地下2階建てとする予定が、日中戦争の影響で工事は中断。地上2階（一部3階）地下2階へ規模が縮小されていた。

その後、太平洋戦争の激化に伴い、売り場の一部を三菱重工航空機製作所に貸与。激しい戦災で被害は受けたが、躯体は無事で、戦後すぐに営業を開始した。

この激動の丸栄百貨店を率いていたのが初代社長の中林仁一郎で、村野藤吾とは自宅の設計を頼むなど旧知の間柄だった。

村野藤吾のデザイン

村野が託されたのは、残された建物をそのまま利用して増改築することだった。木造と違って柱や梁を抜くことは難しいから、かなり制限のある設計となったことは想像に難くない。実際、丸栄の外観を特徴づけていた縦のストライプ壁は、既存のかたちを踏襲したものだった。

かつての三星百貨店の外観は、1階に幅1m、奥行き1・3mの太い柱が約6m間隔に立ち、その上部の2、3階には幅75㎝の縦のストライプ壁が80㎝間隔で並んでいた。いかに外観が制限されたものであるかがわかるだろう。

村野はこのストライプ壁をそのまま上方へ伸ばし、ここに鳩羽色のカラコンモザイクタイルを張った。また80㎝の開口部にはガラスブロックを嵌めて、中心に方立を入れ固定させた。その上で、各階ごとに小さい庇のある蛇腹を入れることで、縦と横のラインで構成された、端正な外観に作り直した。（イラスト：ファサードの部分参照）

この外観のデザインは、外光から商品を守り、またガラスブロック越しに買い物客の姿が映り込むことで、広小路通の風景に賑わいに与えることが目的だった。またストライプ壁に張られたカラコンモザイクタイルは、下から上に向かってグラデーションする色彩で誂えられた贅沢な仕様だった。

心くばりの意匠

百貨店建築に通暁し、商業建築にも長けていた村野は「金の稼げる建築」を心がけていたという。建物の内外の壁面や階段を飾っていた豪華な大理石も、その思想に沿うものだった。増築された西側のモザイク壁画も、西日を避けるために閉じる必要があった壁面を逆手に取って、色彩豊かなタイルで飾り、まちかどでひときわ目を引くシンボルに昇華させた。

いっぽうで、商業建築で必要不可欠となる設備など裏方への配慮も怠らなかった。例えば、屋上階の南端にまとめられた空調設備やエレベーターの巻き上げ機の入る機械塔は、機械の稼働や点検を考慮して大きな開口にし、屋上階に設けられた遊園地からは直接見えないように乳白色のガラスが入れられていた。（イラスト：左上参照）

地下階への配慮で設けられた街路の採光用の丸いガラスブロックは、地下街飲食店のバックヤードに明るい光を落とし、従業員たちにまちの喧騒を伝えていた。（イラスト：中央下参照）

また、丸栄百貨店の存在は、まちの風景を変える契機にもなった。ストライプ壁に張られたカラコンモザイクタイルはこれを機に、日本中の建物に広まった。そしてモザイク壁画は、この後に続く中日ビルやCBC会館で制作されたパブリックアートの先駆けとなった。

1953年、村野は丸栄百貨店で百貨店で唯一となる日本建築学会賞を受賞した。

遠くなる昭和の風景

2018年6月30日に丸栄百貨店は閉店した。建物は老朽化と耐震基準を満たしていないとの理由で取り壊された。

そのいっぽうで、村野が心を配った意匠は、ずっと以前から用をなさなくなっていた。外観の開口部は防寒のために塞がれて店舗のバックヤードとなり、機械棟は空調設備の進化にともないほぼ倉庫として扱われた。街路の採光用ガラスブロックは雨天時に滑るという苦情で埋められた。

そして、パブリックアートの種を受け継いだ建物たちも丸栄解体の後に次々と姿を消した。

閉店の日に、黄色いガラケーでモザイク壁画を撮影していた白いワンピースの老いらくの女性の姿が、今も私の脳裏に焼き付いている。（村瀬良太）

行楽の定番だった東山動物園

東洋一の大温室

テレビ塔に続いて、昭和30年代に名古屋城も再建されたが、行楽や遠足の定番は東山動物園であった。

1937年（昭和12）に開園し、ドイツのハーゲンベック動物園に学んで日本で初めてライオンの放養式展示をおこなっており、東邦ガスの寄付で建設された植物園の大温室も東洋一といわれた。交通機関は市電しかないため、往き帰りは超満員を我慢する必要もあった。迷子も多く、迷子が5人あると入場者が5万人、8人でると8万人と噂した記憶がある。

東山には戦争を生き延びた日本でただ2頭のゾウがいて、東京などからゾウ見物の列車が運転され、子どもたちを乗せたこともあったが、1965年、飼育員が事故に遭って中止され、やや身近な存在でなくなってしまった。

ゾウに代わって、1959年からはゴリラのショーが大人気になり、ゴン太とオキとブッピーの3匹の名を覚えている人も多い。飼育員の浅井さんとおこなっていた芸は人気があったが、動物の自然な姿を見せる動物園にはふさわしくないとして10年ほどで中止されてしまい、1985年、新しいスターとしてコアラが加わって動物園の目玉になっている。

上池にあったウオーターシュート

奥の上池ではボート遊びで賑わっていたが、自分でこぐことができない子どもたちは親が子どもたちを乗せてほしいと頼むと、大

人気者だったゾウ
（マカニーとエルド、1956年7月）

コンクリート製の恐竜（1956年7月）

抵は気安く乗せてもらうことができた。上池にはウオーターシュートもあって、舟で斜面を池まで数秒間で滑り降りるだけであったが、娯楽の少なかった当時は大人気で、長い行列ができていた。

大温室の奥は森になっていて、1950年ごろに野鳥の巣箱をかけるイベントがおこなわれたことがある。10年ほど後でも植物園奥の富士見台から西北をみると緑の丘陵が広がっていた。

現在は星ヶ丘に三越などの商業施設ができ、地下鉄も敷設され、東名高速道路へのアクセスの利便性から一挙に市域が広がって、遙か東方まで住宅地になってしまった。

（伊東重光）

植物園奥の富士見台から北西をみる。中央左は動物園駅付近の新池で、右端は星ヶ丘である。（1956年7月）

ゴリラ（1970年6月）

ボートでにぎわう上池（1972年4月）

ボートでにぎわう上池（1963年11月）

上池にあったモノレール（1964年4月）

植物園の大温室（1974年11月）

「たこ足大学」だった名古屋大学

教室はかつての軍の施設を転用

名古屋大学は１９３９年（昭和14）に官立名古屋医科大学を母体に理工学部を新設し、帝国大学として創立された。矢田川改修の旧河川敷等も敷地の候補になったが、田代耕地整理組合から18万坪の無償供与をうけて現在地に決まった。ただし、医学部は大学病院の利便性を考慮して鶴舞に残された。

１９４７年、名古屋大学と改称し、翌年に文学部と法経学部（２年後に法・経を分離）が設置された。１９４９年に国立学校設置

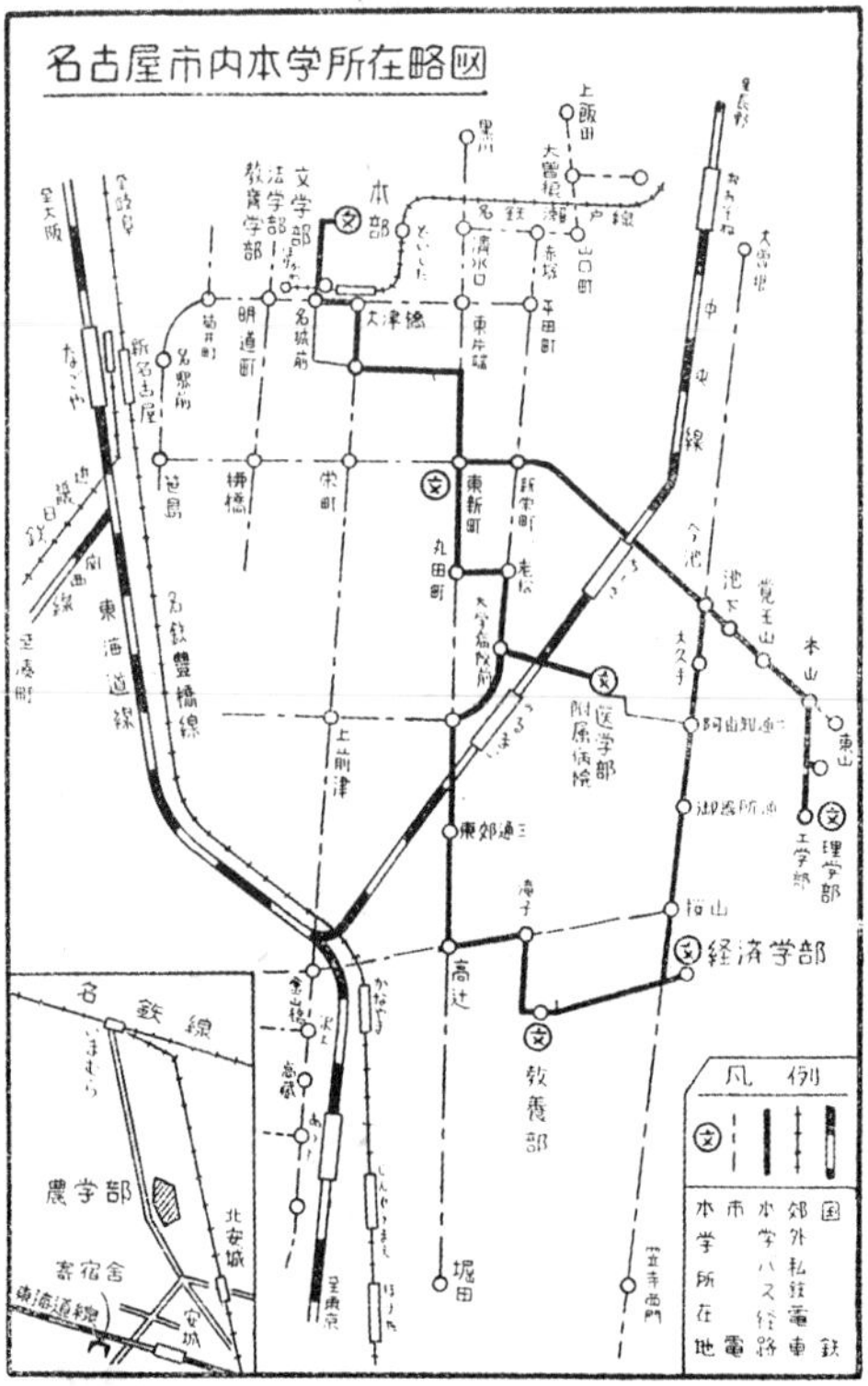

分散していて「たこ足大学」と言われた名古屋大学（1955年）

改築前の名大病院（1956年2月）

建築中の豊田講堂（1960年3月）

東山キャンパスからみた八事方面（1958年5月）

東山キャンパスからみた南西方面（1958年5月）

法により高等専門学校（名古屋経済専門学校・岡崎高等師範学校・第八高等学校、少し遅れて安城高等農林学校）を合併して教育学部と農学部をもつ総合大学になった。1955年当時の募集生徒は800人ほどであったが、資材不足のため母体の施設を使用し、不要になっていた軍施設が転用されていた。名古屋城二の丸の旧兵舎を本部や学生会館にして発足したため、キャンパスが千種区・昭和区・瑞穂区のほか安城、豊川、河和などにあり、「たこ足大学」と揶揄されていた。

廃校になった滝子の旧第八高等学校は専門課程に進む前の教養部となり、戦災の焼け残った施設に教室を増築してスタートした。電灯がない教室もあり、冬には日没が早いため黒板の字が見えにくくなった。教室の床は隙間があり、下の教官室の電灯の光が天井の隙間を通して見えており、テストの紙を落としたら教官室に直行するとの冗談も聞かれた。暖房のない施設のため教師もオーバーを着て講義をおこない、学生もオーバーを着たまま講義をきいたり、実験したりしていた。

食事には学校西のドラゴンズ応援団長のヤキソバ屋が人気であった。医学部の実習に学生が用いた顕微鏡は骨董品の寄せ集めであった。東新町の分院では実習に狭い診察室や物置も使っていた。

東山キャンパスへの統合

1960年頃になって東山キャンパスへの整備統合が進み、トヨタ自動車が寄付した大講堂で卒業式を迎えることができた。マンションが建ち並び、地下鉄が通る山手通りは当時は砂利道で家もなく車も通らないため、自動車の練習には都合が良かった。キャンパス整備の予算不足には名古屋市や会社に建物を建ててもらい、所有していた土地を交換するアイデアで対応し、この方式は全国でもおこなわれるようになったといわれる。

（伊東重光）

二の丸庭園の地にあった建物はサークル活動にも利用された（1959年6月）

オーバーを着たまま講義する教官（1955年12月）

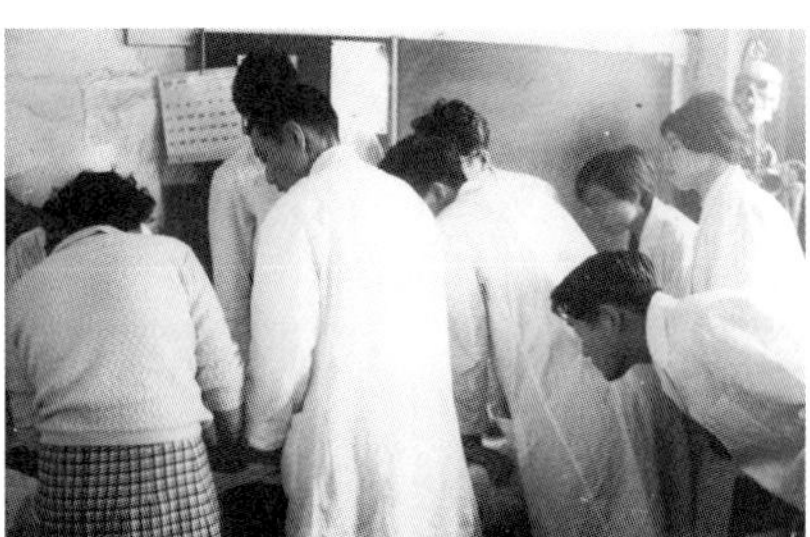

狭い分院の診療室での医学実習（1956年10月）

名古屋はオートバイ王国だった

戦後間もない1950年代、オートバイメーカーが全国に乱立していた頃、名古屋市内とその近郊に約80余のメーカーが存在していた。名古屋はオートバイ王国だったと言ったら、皆さんは信じるだろうか。

キャブトン、トヨモーター、IMC、オリンパス、シルバーピジョン等々。また、専用のレースサーキットがない戦前から1950年代にかけて、津島天王川公園、熱田球場、岡崎公園他、各地域の特設グランドで盛んにオートレースが開催されていた。1953年（昭和28）には「名古屋T・Tレース」（ツーリスト・トロフィー：旅行賞）と呼ばれる戦後初の公道を使用した耐久オートバイレースがおこなわれている。

国産オートバイ史の中で隆盛を誇りながら、わずか10年にも満たない間に1959年の伊勢湾台風を機に衰退した。（冨成一也）

↑ダービー号（150cc）1号車を囲む市川製作所（岡崎市）の家族（1949年）
↓瀬戸市内にて宅急便に使われたトヨモーター（90cc）（1954年）

マイダーリン（60ccのモペットタイプ）知立市のブラザー精密工業株式会社。ミシンメーカーもオートバイ産業に参入した。

モダンなスタイルのスクター・シルバーピジョン（210cc）港区の新三菱重工業株式会社（1961年）

戦前から戦後にかけて最も多く開催された津島天王川オートレース（昭和30年代）

1957年に県営熱田球場でおこなわれた、あつた祭協賛オートレースでの火の輪くぐりのアトラクション。

1953年、戦後初の国産オートバイによる耐久レース「名古屋TTレース」。南区呼続大橋からスタート。愛知・岐阜・三重をめぐる232kmを走行。ゴールは中村公園だった。

津島天王川オートレースの最後のレース、全日本ダートトラックレース（1967年）

昭和区滝子通のオリンパスのサービスステーション。オリンパスキング（250cc、片山産業、千種区）が勢揃い（1956年）

犬山城前にて。キャブトン500cc。名古屋地区では、戦前からあった最も古いバイクメーカー・みづほ自動車製作所（犬山市）

1959年の伊勢湾台風による被害（名古屋市南区）
水没したオートバイ店の惨状。

第5回国民体育大会愛知県大会の開催

戦後はじめての大規模イベント

愛知国体は1950年（昭和25）に開催されたものであるが、名古屋で戦後最初に開催された大規模イベントであるので取り上げたい。日本最大の国民スポーツの祭典である国体は、1946年の近畿地区大会を最初に第2回石川県、第3回福岡県、第4回東京都と都道府県対抗・持ち回り方式で毎年開催された。

愛知国体の大会旗リレーは東京都千代田区から名古屋市まで483キロ160区間を総勢4000人でリレーした。またこの大会では初めて炬火《きょか》（トーチ）が点火された。

夏季大会（9・21－24）は振甫プールで1600人参加、フジヤマのトビウオと呼ばれた古橋廣之進も出場した。

秋季大会（10・28－11・1）は瑞穂公園陸上競技場を主会場に1万6800人参加した。その他の競技会場は、施設の乏しい当時にあってはレスリング：東海高校体育館、柔道：名古屋市公会堂、フェンシング：瑞穂高校講堂なども使われた。漕艇は中川運河コース、ヨットは半田ヨットハーバーでおこなわれた。

映画『人生フルーツ』（東海テレビ放送制作）は、建築家津端修一・英子夫妻の豊かな老後の生活を描いて近年大ヒットした。二人の出会いは、東京大学のヨット部だった修一が、国体出場のため半田市の英子の実家の酒蔵に泊まったのが始まりだったという。

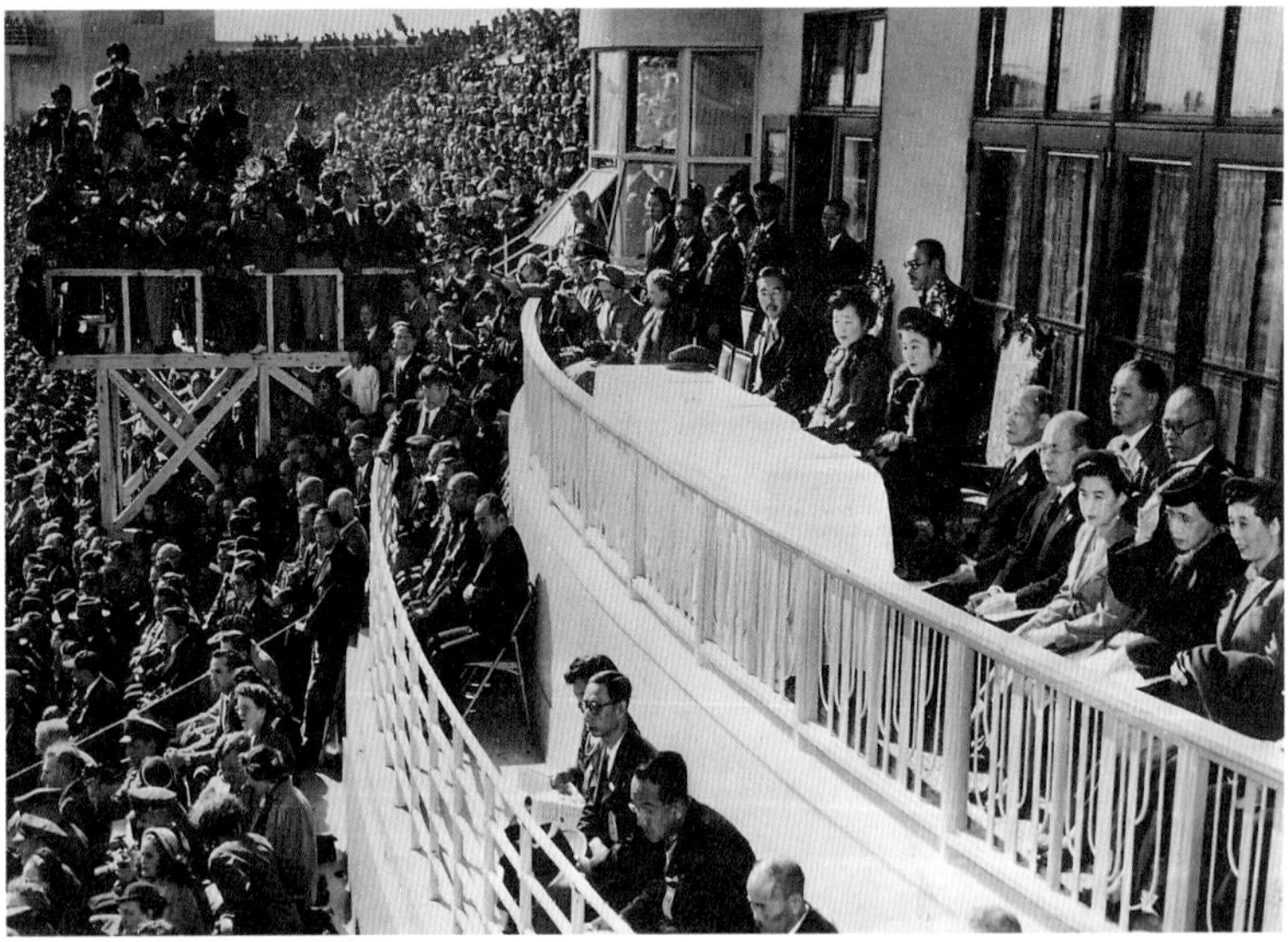

愛知国体を観覧中の昭和天皇ご夫妻（右手中央）　その手前は秩父宮勢津子妃
名古屋市広報課提供

天皇が宿泊した八事・八勝館

10月28日、瑞穂グランドでおこなわれた開会式には昭和天皇と皇后がご臨場された。これは2年前の愛林日記念植樹式（現全国植樹祭）につぐものであり、以後これが恒例となった。天皇皇后両陛下が毎年恒例で地方を訪問する「四大行幸啓」（全国植樹祭、国民体育大会、海づくり大会、国民文化祭）において、昭和天皇は後二者には一度も臨場していない（当時の皇太子が臨場）。

両陛下のご宿泊は八事・八勝館であり、両陛下が共に民間の宿泊施設を利用されるのはこれが初めてである。同館ではこれに備えて堀口捨己の設計になる「御幸の間」を増築した。この建物は20年国の重要文化財に指定されている。

愛知国体の総合成績は天皇杯・皇后杯ともに一位は東京都、愛知県は二位であった。1990年代に入ると国体も二巡目となり、愛知県では1994年「わかしゃち国体」が開催された。（松永直幸）

「御幸の間」外観　八勝館提供

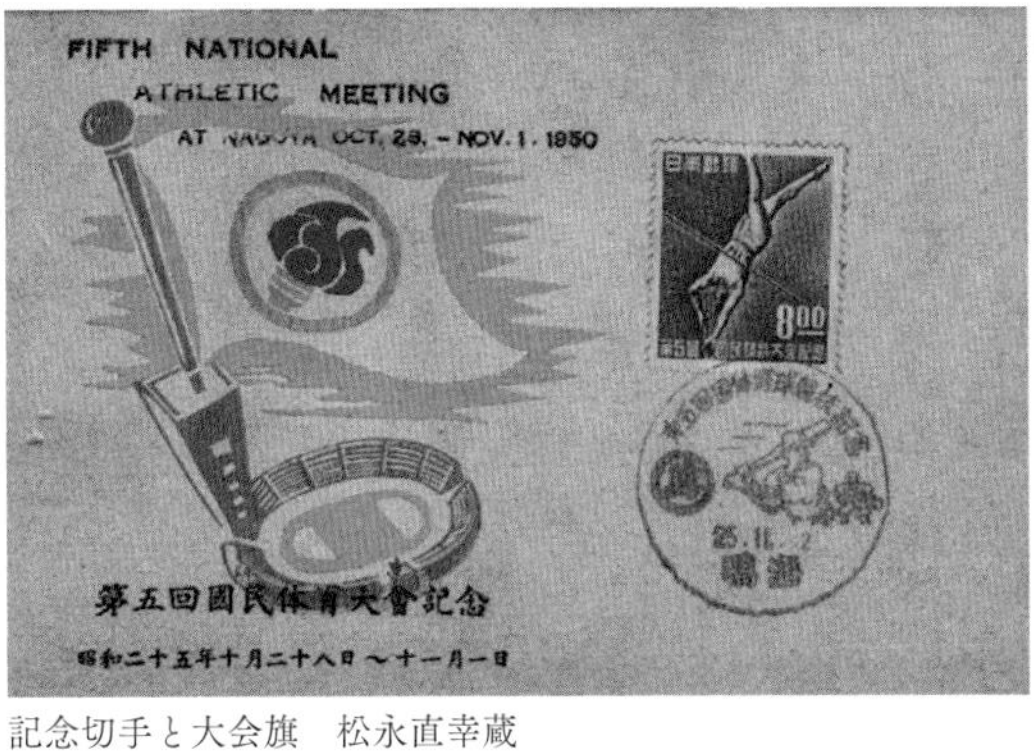

記念切手と大会旗　松永直幸蔵

愛知国体ポスター　松永直幸蔵

名古屋市電の今も残る痕跡

名古屋市電が廃止されてから、早くも半世紀近い歳月が過ぎ去った。半世紀も経つと町並みも大きく変わり、路面電車は道路上を走っていたこともあって、その面影をたどることは難しくなった。

しかしながら、当時の設備がそのまま現在も使われているところがある。鉄道を跨ぎ越す跨線橋の柱で、路面電車の運行時には電気を供給する架線を吊るすために使われていたが、街路灯などの支柱に転用され、現在も使用されている。こうした柱が残っているのは、八熊通沢上交差点の東側の沢上跨線橋、環状線前浜通西の笠寺橋、同じく港東通西の大江橋である。

築地口と尾頭橋の間で運行されていた下之一色線（70系統）は、道路上だけでなく、鉄道のように

下之一色線
長良本町付近の今昔
（右：1963年4月）
線路跡は道路になった。

下之一色線
荒子電停の今昔
（右：1968年9月）
狭い道路と右側の商店が、路面電車のあった頃の面影を伝えている。

専用の線路を走る区間が多かった異色の路線であった。廃止後、多くの区間は道路に転用され、加えて都市化もあって、その面影をたどれるところは限られる。わずかに長良本町で佐屋街道から分かれるところ、稲永町で金城埠頭線から分かれるあたりはカーブした道路に路面電車があった名残を留め、荒子公園の一色街道と交差するあたりは狭い道路と当時からと思われる商店の看板が、荒子電停があった頃の面影を伝えている。

　路線廃止に伴い、道路上で軌道敷に使われていた御影石などの敷石は、公園などの遊歩道に転用され、いまも再利用されている。

　路面電車の車両そのものは、名古屋市交通局日進工場に隣接したレトロでんしゃ館、名古屋市科学館、刈谷市児童交通公園、豊田市平芝坂の上公園などに保存されている。（服部重敬）

沢上跨線橋の今昔
（右：1974 年 3 月）

大江橋付近の今昔
（右：1973 年 10 月）
花電車は毎年 10 月の名古屋まつりにあわせて運転された。

稲永町付近の今昔
（右：1969 年 2 月）
線路跡は歩行者用道路となっている。

鶴舞公園で再利用された敷石

＊写真：堀幸夫、藤井建

伊勢湾台風が名古屋を襲った

1959年（昭和34）9月26日に日本史上未曾有の超大型台風が名古屋を襲った。伊勢湾台風と名づけられたこの台風による犠牲者は全国で5098人（死者4697人、行方不明者401人）、うち愛知県で3351人（うち名古屋市1909人）であった。

当時、標高0m中川区高畑町に住み、小学校5年生であった筆者の子ども目線での体験談については、『名古屋地図さんぽ』（風媒社）で紹介した。その続編として本稿前半では、当時惟信高校教諭であった父豊の調べた「惟信高校被害生徒数」と毎日救援活動に出かけた際に撮影した被災地の写真を載せ、後半では野田町の龍潭寺住職がこしらえた殉教者追悼大風袋について紹介したい。

図1　水没した下之一色線を越えてボートや筏で惟信高校に向かう人。

図2　海になった惟信高校の校庭

図3　棺が並ぶ道路

図4　水没家屋を背後に避難する学生さん

水没した市電下之一色線

港区の庄内川左岸に立地する惟信高校の被害生徒数調べによると、在籍者979人中、なんと845人もの生徒が伊勢湾台風の被害者になっている。中でも高校のある港区で492人、次いで中川区209人、南区69人、熱田区51人、海部郡24人であった。

写真は水没した市電下之一色線をボートや筏で横切って惟信高校に向かう人（図1）、運動場が海になった惟信高校（図2）、犠牲者の棺が並べられた道路（図3）、そして水没破壊された家を背後にしてボートで避難する学生さん（図4）。

風神様を彫像し犠牲者を悼んだ住職

野田町の龍潭寺（図5）は庄内川左岸で惟信高校より4㎞ほど上流に位置しており、1455年（康正元）に創建された曹洞宗の古刹である。

伊勢湾台風の当日、当時の龍潭寺住職別府崟芳《ぎんぽう》氏は入院中だった。お亡くなりになった20人の御檀家の追悼を病床で考え、境内で倒れた大楠の根本を使って風神様（図6）を彫像して、仏の命を与えられた。さらに風神様の御神宝（携行仏具）として、直径2m長さ6mの大風袋を作り、その表面に台風3カ月後の第一次殉教者名簿による殉教者4728人全員の名前を、次の世の幸せを願って、マジックインキで書かれた。

崟芳氏の長男で現住職の良孝氏は、台風後60周年を記念して、2019年10月12日に大風袋を本堂に飾り（図7）、改めて犠牲者の供養をおこない、防災法話をなされた（図8）。（溝口常俊）

図5　龍潭寺正門

図6　風神様

図7　大風袋

図8　伊勢湾台風60周年記念の供養と法話

全国初・長者町繊維街で給食を提供

戦後大繊維問屋街に

名古屋市中区・伏見交差点東側に広がる長者町繊維街は戦後、東京・横山町、大阪・丼池筋と並ぶ日本三大繊維問屋街として繁盛した。

長者町は名古屋城築城にともなう「清須越し」で碁盤割りの一画に移転した町で、江戸時代には有力商人が台頭し、料亭や芸者置屋も軒を構えた。明治になると芸者の数は市内一という粋筋の街として知られた。

大正末期から昭和初期にかけて繊維関係者が増加。戦時中の統制や戦災で打撃を受けたが、戦後の1950年（昭和25）に36店が参加して「長者町織物同盟会」が発足。いわゆる「ガチャ万景気」にのって全国に知られる大繊維問屋街となった。

組合員に給食を1900食！

進取の気性に富んだ街で、さまざまな取り組みが耳目を集めた。

1954年8月には問屋街が協力して、商店街としては全国初となる給食を始めた。「ガチャ万景気」に陰りが見えたため、各店の従業員の食費を切り詰めるために思いついたアイデアだ。

問屋街近くに調理施設を設け、組合員95店に朝昼夜計1900食を提供。食費は1日分100円で、栄養士を雇い正確なカロリー計算のうえ1週間前には献立を発表した。

1957年11月には地下鉄伏見町（現伏見）駅と直結する長者町地下街がオープンした。地下鉄開

1955年9月、中区・長者町の繊維問屋街が町ぐるみでおこなった給食の配達風景。配達のおじさんからアルマイトの食器に入った給食を受け取る従業員。

＊本項の写真はすべて名古屋タイムズアーカイブス委員会提供

通に合わせて35の問屋が出資して建設した。約280m、日本初の地下問屋街で35店が入居した。

長者町繊維街は、平成に入るとアートやカフェ、都市農業など街のリノベーションに挑戦。長者町地下街は飲食店街に生まれ変わり注目スポットになっている。

（長坂英生）

1957年1月、長者町地下街工事

1957年11月
オープン直後の長者町地下街

1963年8月9日撮影の長者町

1958年3月14日撮影の長者町

山本楽器の戦後

終戦後、名古屋で楽器店を始めた父

　私の父、山本章は1922年（大正11）に京都で誕生、戦前の東京で学生生活を送り、戦時中の一時期に名古屋の三菱の大幸工場（跡地の一部がナゴヤドーム）に雷電の発動機の技師として勤めていたが、大幸工場が米軍の爆撃で壊滅する寸前に病を得て京都に帰り、無事に終戦を迎えた。父は、子供の頃からアコーディオンが大好きで、戦後まもなく音楽仲間とバンドを組み、米軍のキャンプ廻りなどをしていたが、1956年（昭和31）の夏に名古屋に引越して中区に楽器店（山本楽器）を開業した。

　このあたりの事情は、父自身が書き残した絵入りの記録（「我がアコーディオン一代記」）に詳しい（図1）。店は中区の南呉服町の小さなビルの一階で、一家4人（両親と私と妹）は奥の六畳一間で暮らした。今の栄3丁目で、三蔵通と呉服町通の交差するあたりか。私は栄小学校に通ったが、通学路にはまだアメリカ村（南側が現白川公園）があった。

　父は、アコーディオンを通じて名古屋にも知人が多かった。「一代記」に登場する尾上隆治氏（図2）は、中区の尾上機械製作所（現OMC株式会社）の社長で、「名古屋アコーディオンクラブ」の会長でもあり、亀山巖氏の手になる豆本シリーズの「手風琴の本」の著者でもある。

進駐軍が借りていた家に住む

　南呉服町の暮しは一年ほどで、1957年の夏に山本楽器は新栄（今の新栄2丁目）に移転。広小路通沿いの南側で、道路拡幅で今は跡形もないが、当時は隣に蕎麦屋（店名は更科）、向かいにはモタイ耳鼻科という病院があった。東矢場町（今の筒井3丁目）に中古住宅

図1　「我がアコーディオン一代記」（以下「一代記」と記す）の冒頭部分。1932年の京都からはじまる。大正ロマンの残り灯が急速に「戦前」に置き換えられていく「狭間の時代」で、この年の5月には5.15事件、4年後の1936年には2.26事件が発生。日本はあっという間に「戦時下」となっていく。

（木造モルタル平屋）を借りたが、この家の壁はクリーム色のペンキで塗ってあり、削れると、下から濃いグリーンのペンキが……進駐軍の軍人さんが借りていた家だった。「あっちの人は、こんな色の壁がいいと思ってたのか……」とびっくり。私は東区の筒井小学校に編入になり、学校が終わると車道通をてくてく南に歩いて店に向かった。

修理調律

父が名古屋に来て、二番目に持った新栄の店。外観（左）と店の前でスクーターにまたがる父・山本章（右）。背景は当時の広小路通で、今よりかなり狭い。店にはいろんな楽器が置いてあったが、やはり一番数が多いのはアコーディオン。左の前の看板は父の手造り。夜になると、右の写真のスクーターでバンド廻りに出かけた（後に車になった）。撮影は、いずれも1958年6月4日。

さて、父の本業は……？

二番目の店もとても小さかった（上の写真）が、アコーディオンをはじめとして、さまざまな楽器が置いてあった。しかし、お客さんはほとんど来ない。実は、父の本当の商売は、夕方店を閉めてからはじまるのであった。

昭和30年代の名古屋はキャバレーの全盛時代で、そこに入っているバンドのメンバーが父の本当の商売相手だった。夕食後、栄や名駅前や伏見、今池、大須、金山などにあったキャバレーを廻っているんな楽器をバンドのメンバーに販売してまわり（岐阜や四日市まで行くこともあった）帰宅は連日深夜となった。名駅前のラテンクオーター、伏見では白菊、ミカド、赤玉、栄では美人座、太平洋、青い城、今池のグランドキャニオン（西郷輝彦がバンドボーイをやって

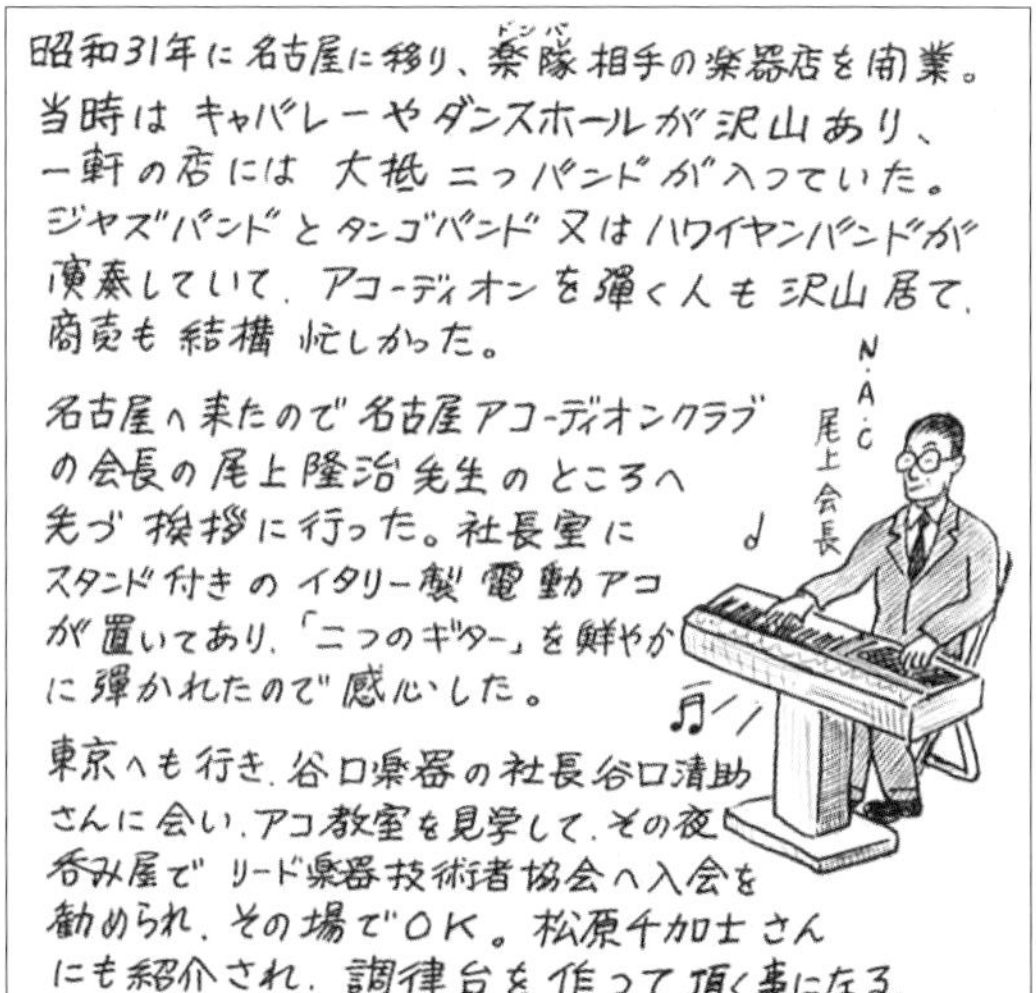
昭和31年に名古屋に移り、楽隊《ドンバ》相手の楽器店を開業。
当時はキャバレーやダンスホールが沢山あり、
一軒の店には大抵二つバンドが入っていた。
ジャズバンドとタンゴバンド又はハワイヤンバンドが
演奏していて、アコーディオンを弾く人も沢山居て、
商売も結構忙しかった。
名古屋へ来たので名古屋アコーディオンクラブ
の会長の尾上隆治先生のところへ
先ず挨拶に行った。社長室に
スタンド付きのイタリー製電動アコ
が置いてあり、「二つのギター」を鮮やか
に弾かれたので感心した。
東京へも行き、谷口楽器の社長谷口清助
さんに会い、アコ教室を見学して、その夜
呑み屋でリード楽器技術者協会へ入会を
勧められ、その場でOK。松原千加士さん
にも紹介され、調律台を作って頂く事になる。
N・A・C
尾上会長

図2　1956年に名古屋に引越し、楽器店を開業。当時の名古屋は「青年都市」ということで、復興めざましく、キャバレーがたくさんできて、バンドマンも大勢集まってきていた。

いた）、そして大須の新世界、太陽など……父の商売は、他にやっている人があまりおらず、市場独占状態。しかし儲けはさほどでもなかったようである。

こういうキャバレーでやっていた曲は、ジャズをはじめとして、当時の流行歌やラテン音楽やシャンソン、ハワイアンなど……ジャンルはさまざまであるが、バンドのレベルは高かった。メンバーの腕前も相当なもので、楽器へのこだわりも強く、給料ではとうてい支払えない高額の楽器を欲しがる。父は、元々自分がバンドマンで、彼らのきもちがよくわかったから「月賦でいいよ」となり、その分割金の回収も重要な仕事だった。しかし、支払猶予は常のこと、回収に行ったらゆくえしれず……というケースも。時には、バンドごと姿を消してしまうこともあり、そうなると損失も多額になる。それでも、高度経済成長のおかげで少しずつ商売も上向きになっていった。

アコーディオン専門店に

ところが、1973年の第一次石油ショックで多くのキャバレーが経営危機を迎える。これに追い打ちをかけたのがカラオケの登場で、多くのバンドマンが職を失い、父の商売にも赤信号が灯る。しかし、父は、徐々に方向転換を行い、店を、自分が好きだったアコーディオンの専門店にしてしまった。

ある日、この店を一人の少年が訪れる。アコーディオンの天才少年で、まわりの大人を抜き去り、イタリアに留学もして、世界的に有名なアコーディオン奏者になってしまった。今も大活躍のCOBAさん（小林靖宏さん）であった……山本楽器は、昭和40年代に入って、菊里町（今の新栄3丁目）に移転し、アコーディオン専門店として奏者や愛好家に知られる店となる（2012年に閉店。半世紀以上にわたる歴史の幕を閉じた）。

文化の揺籃としてのキャバレー

父の商売が一番忙しかったの

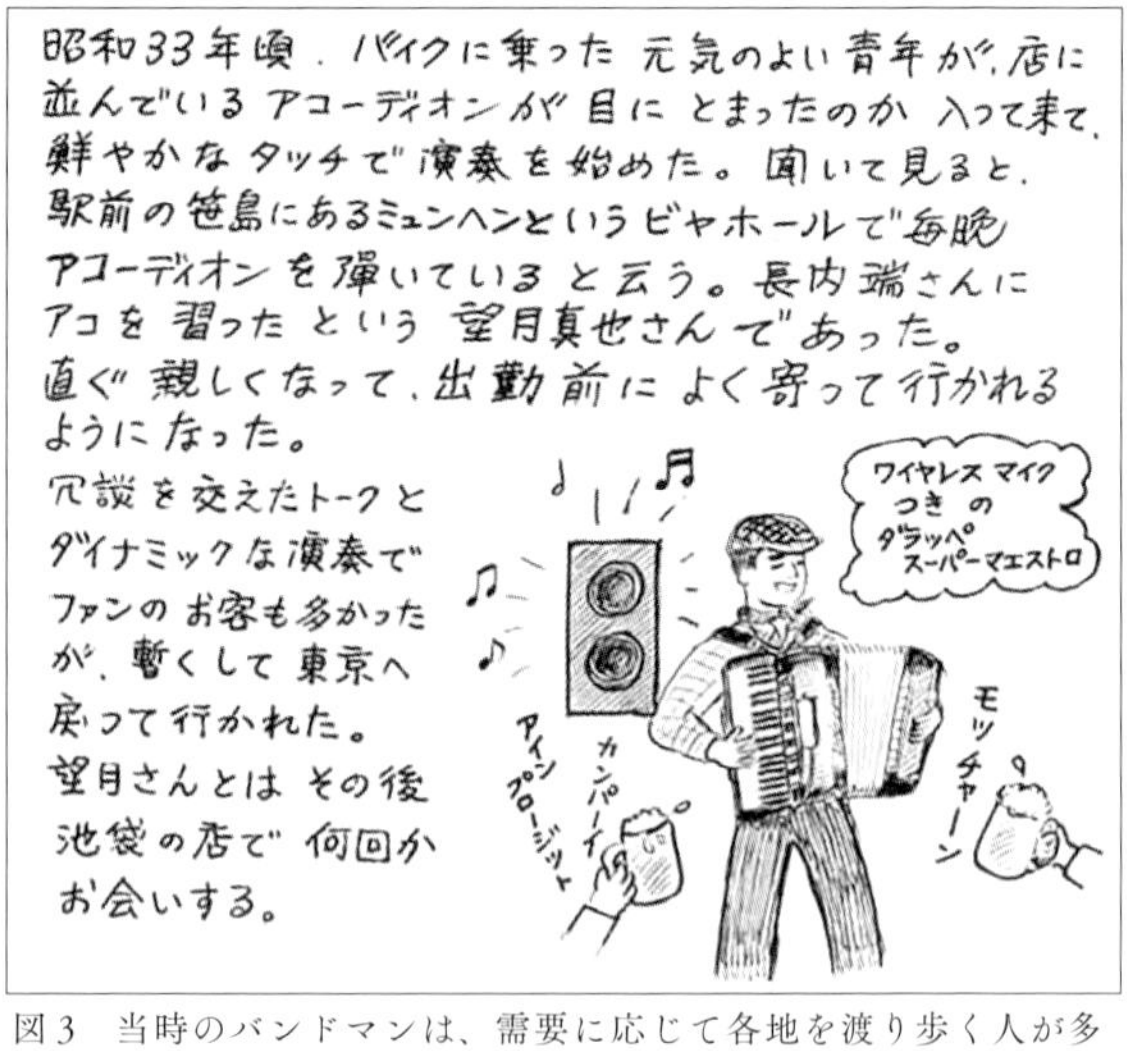

昭和33年頃、バイクに乗った元気のよい青年が、店に並んでいるアコーディオンが目にとまったのか入って来て、鮮やかなタッチで演奏を始めた。聞いて見ると、駅前の笹島にあるミュンヘンというビヤホールで毎晩アコーディオンを弾いていると云う。長内端さんにアコを習ったという望月真也さんであった。直ぐ親しくなって、出勤前によく寄って行かれるようになった。
冗談を交えたトークとダイナミックな演奏でファンのお客も多かったが、暫くして東京へ戻って行かれた。
望月さんとはその後池袋の店で何回かお会いする。
ワイヤレスマイクつきのダラッペスーパーマエストロ
カンパーイ
アインプロージット
モッチャーン

図３　当時のバンドマンは、需要に応じて各地を渡り歩く人が多かったが、この記事に出てくる望月氏も、そのような方の一人だったのだろう。優秀なバンドマンには、いろんなところから声がかかったようである。

は、やはり昭和30年代から40年代なかばにかけてで、名古屋のキャバレーの全盛時代と完全に重なっている。当時のキャバレーは、クラブとは異なり、「バンドの生演奏を聞かせる」場所で、店内も広く、バンドのスペースに加えてダンススペースのある店も多かった。名古屋は、全国的にみてもこういうキャバレーの盛んな土地で、バンドマンの数も多く、有名な歌手や演奏家を招いてのショーも頻繁におこなわれ、ミュージシャンの中には名古屋のキャバレーで腕を磨いたという人も少なくない。

　発祥の地のヨーロッパでは、キャバレーは市民階級の「社交の場」であった。モンマルトルの芸術家のたまり場だった「黒猫」や赤い風車がパリの夜の象徴ともなった「ムーランルージュ」、ダダの発祥の地ともなったチューリヒの「キャバレー・ヴォルテール」など、キャバレーは当時の先端的な文化の揺籃ともなった。

　昭和30年代に各地に生まれた日本のキャバレーも、やはりこういう場所だった。同じ生演奏でも、コンサートホールでは、演奏中は客は咳払い一つできない。しかしキャバレーでは、生演奏を背景に、自由に酒や食事や会話を楽しめる。ホステスも、客の年齢層に合わせてさまざまな年齢の人がいて、客をあきさせない……今からみればかなりゆとりのある、ぜいたくな場所だった。しかも、入場料はクラブなどに比べるとかなり安めで(いわゆる明朗会計)、多くの人がそれぞれに豊かな夜のひとときを楽しんだ。今の70代後半以降の方には、このような記憶を懐かしく思い出す人も多いにちがいない。

　日本のキャバレーは、昭和30年代という幸せな?時代の日本の文化や芸術の豊かな苗床だった。文献を調べてみると、東京のキャバレーについてはけっこう資料があり、詳細もわかるが、名古屋のキャバレーについては資料が乏しく、高齢の方のブログなどでうかがい知るしかない。歴史は人の記憶でもあり、記録されなかった記憶は闇に沈んで消えていく……名古屋の昭和30年代の夜を豊かに彩ったキャバレー文化とバンドマンたちのこと……私の父の思い出でもあるが、しかし、一時期、確実に存在していただいじな民衆遺産?として、思い出すかぎりのことをまとめてみた。

（山本耕一）

飯田街道ぞいの菊里町にあった三番目の店。この写真はかなり後のものである。二階が音楽教室になっていて、全国的にも珍しいアコーディオン教室があった。今池から近いが、グランドキャニオンのあった今池の新今池ビルも取壊され、平地になってしまった（2021年9月現在）。

「街のパンフレット」を読む

戦前の名古屋で、「街のパンフレット」という小冊子が発行されていたのをご存じだろうか。1932年（昭和7）12月創刊。名古屋に営業拠点をもつ企業や商店十数社が集まり、広告宣伝と軽い読み物で構成したPR誌である。月刊で1万部発行し、戦時体制が強まる1941年7月まで発行された。

戦後、名古屋商工会議所内の都市美会を発行元とし、参加事業体の広告雑誌というかたちをとりつつも、「スペースの大半を都市文化的読物によって編集し、中京文化になにがしかの寄与をしたい」（1948年8月創刊号「発刊の言葉」）と再創刊された。

いま、手元に創刊号から昭和30年代くらいまでの20号弱があるので、この機会にその一部をご紹介したい。

戦後の混乱の中で 戦前への郷愁

まずは創刊号から。当時の会員は、以下のとおり。安藤七宝店／近畿日本鉄道株式会社／弘益印刷株式会社／中央ホテル／東宝支社／東海銀行／東海園芸株式会社／名古屋鉄道株式会社／日本交通公社名古屋支社／株式会社東山スタヂアム／松坂屋／丸栄／丸善印章部／明治屋／名鉄マーケット部／渡辺製菓株式会社。

巻頭は、「廣小路の思い出を語る」と題して、金城女専教授のスマイス女史、中日編集局次長の杉浦栄三氏、名鉄局旅客課の鈴木恒雄氏の座談会である。

「街のパンフレット」1948年8月創刊号の表紙。絵は画家の杉本健吉による。

鈴木　東京に銀座人種とか浅草人種といった型があるように名古屋にも廣小路人種、大須人種といった型がありましたね。

杉浦　夏の夜の散歩でも、廣小路を歩くときは服装もきちんとすまして歩く、大須なら浴衣がけで出かけるというふうにですね。廣小路マンには一種のプライドがあったわけですね。

スマイス　進駐軍の人達は昔の名古屋を想像することが出来ません。今草がはえて何もないところに、家がぎっしりならんでいたことをいろいろ説明してあ

げるのです。
鈴木　廣小路には魅力がありましたね。旅から疲れて帰っても、一度廣ブラをして帰るといったような……

敗戦から数年しかたっておらず、通り沿いは「どの店も博覧会のようなお粗末な建物ばかりで、落ち着いたところが少しもない」状態だった……柳並木の美しかった廣小路への郷愁が語られている。

安藤七宝店支配人の杉浦正氏は、「百貨店のプロファイル」という文章を書いている。なかなか辛辣である。たとえばこんな具合。

接客態度も「売ってやる」と云った気分は抜けてきたが、米国風とでもカン違いしてるのか売場でタバコを吹かしながら、金を受け取ったり包装してるのは感心出来ない、と云った様に未だに終戦直後の気分が抜け切らず総てが中途半端である。

もちろん、こんなのは一部のことだけだろうが、まだまだ日々の生活に精いっぱいの人が大半だった当時、売る方も買う方も接客態度の改善にまで考えが及ばなかっただろう。

「看板雑考」というコラムは、焼け跡に氾濫した看板の「激烈な競争と無統制ぶり」に苦言を呈している。

中には銀行や普通の会社のように一度提出した内容をかえなくてもよいものは、戦後のペンキの質の悪さから、全く色あせてあはれを感じるのもあるが、看板の大半を占める各常設館の映画の廣告に至っては、もう少し統制なり申合せなりしたらよさそうなものだと思う、折り重なっての競争ぶりである。

昭和30年代へ

さて、戦後も10年近くなると、少し落ち着きも出てきたのか、商品広告も多く掲載されるようになる。

27号（1954年1月）から。愛知日産自動車の「ダットサン」の広告には「1954年タクシー界のトップモード」とある。興和化学名古屋営業所の「コルゲンコーワ錠」、渡辺製菓の「渡辺ハッパス」は、「口臭を消す葉緑

「街のパンフレット」1954年1月号の広告。

素入ガム」とある。

　広告雑誌らしく広告批評も載っている。「広告とは商品価値を高めるものであって貰いたい」と題して、キリンビールの喜林美也氏の文章。映画、劇場、競輪、銀行などの広告の見苦しさを嘆いている。

　例えば、「球場なども同様、観客はスポーツを見に来たのやら広告を見に来たのやらわけが分かりません。（略）この頃は広告の迷彩のために見る方もやる方も骨が折れる」。そしてこう結ばれている。「商品の宣伝ならば品質本位が何より第一の広告です。（例えばキリンビールの如くと申し添えたらそれはいささか我田引水と言われるでしょうか?）」。隣に「品質本位のキリンビール」のキャッチフレーズとともに、自社の広告が掲載されているのはご愛嬌。

　ちなみにこの年の表紙写真は写真家でもある青柳総本家社長の後藤敬一郎の作品が使われている。

キリンビールの広告（「街のパンフレット」1954年1月号）

　40号（1955年2月）には、「ナゴヤに来てみて」と題して小特集が組まれている。褒めている部分はありきたりなので、あえて、批判的なコメントを紹介したい。


　未熟で荒っぽい運転手さんたちは懸命になって市バスの耐用年数をちぢめ、車掌さんたちは〝女性〟を車庫に置き忘れて小市民たちをおそれおののかしめる。市電の団子運転はまた天下無類。街の女店員さんのサービス振りはお化粧の厚さに反比例し、男店員さんの名古屋弁は押売りされているようですさまじい。

　パチンコ屋の白昼の客、充血した眼、けわしい顔の並列、それはパチンコ王国の宿命か、親指族の氾濫。（山口光雄氏）

「街のパンフレット」1954年3月号。後藤敬一郎（1918－2004）の作品が表紙に使われている。後藤は名古屋を拠点とした前衛写真運動において重要な役割を果たした写真家の一人である。

「街のパンフレット」1955年2月号の名古屋テレビ塔の広告。

著者は名古屋に引っ越してきて感じた「腹立たしいこと」を書き連ねたわけだが、図らずも、活気あふれる名古屋の街の日常が伝わってくる。

盛り場の風景

さてさて、細かく見ていくと切りがない。一気に104号（1960年10月）に飛んでみよう。特集は「続・盛り場探訪」である。

バーにんじんを経営している高橋美智子氏が「栄町附近の夕景から」と題して寄稿している。9月のある日、夕方5時過ぎのスケッチ。

……丁度そんな時刻ともなれば、会社の退け時でもあります。栄町地下街の西のはずれにある赤電話のところへ行ってごらんなさい。七つある電話器は満員鈴なりです。（電話の数まで私よく知っているでしょう……）この殆どがデイトの打合せらしく、しかも大半は若い女性です。この情景を眺めて私何か感無量という気持ちをもちます。

また、そろそろ地上では、テレビ塔前の緑の園が、こうして誘い誘われて集ってきた男女の群でいっぱいになります。数えきれぬ程のアベックは、あるものはぴったりと寄り添って芝生に寝そべり、あるものは肩を組み合わせて座っている……みんな陶然として、外の人目を少しも気にしていないようです。しかし、それでいてその光景は少しもいやな感じを与えません。それはやっぱりそこには、あふれるような若さがあるからだと思います。

オリエンタル中村の七時のミュージックサイレンの鳴る頃の、その芝生の上の美しい情景は、ちょっと日本ばなれがしていると思いました。

ほんのちょっぴり秋の気配を感じる時期の、清新な名古屋の風景が切り取られていると思う。（編集部）

「街のパンフレット」1960年9月号のグラビア
「盛り場夜景　大曽根・代官町」。撮影は紅村清彦。

群雄割拠の様相を呈した名古屋の野球場

名古屋の野球場と言えば、ナゴヤドーム、ナゴヤ球場（図1）、熱田球場、瑞穂球場が挙げられる。ドーム以外の3球場は1948年（昭和23）から57年にかけてオープンしているが、昭和30年代の名古屋にはこれ以外にも多くの野球場が存在し、中には野球史を語るうえで外せない野球場もあり、当時の都市計画図からは、いくつかの野球場を確認することができる。

●山本球場（120ページの図6）

1922年（大正11）オープン。名称は所有者の名。春のセンバツ高校野球第一回開催地、さらに2千試合を超える阪神－巨人戦の最初の開催地としても知られ、その後国鉄八事球場、JR八事球場と名を変え平成初期まで存在したが廃止となり、分譲住宅となった。跡地には、センバツ発祥の地を示すモニュメントが設置されている（図2）。

●八事尾電球場（図6）

1924年オープン。尾張電気軌道建設。戦前期の野球場は鉄道会社建設のものが少なくない。その後名古屋市、さらに現在の東邦高校に譲渡され、1958年に廃止となった。

●鳴海球場

1927年オープン。愛知電気鉄道建設。プロ野球公式戦初開催の地として知られる。現在の夏の全国高校野球にあたる大会予選などが行われ、「東海野球王国のメッカ」とも呼ばれた（図3）。1958年に閉鎖となったが、翌59年から名鉄自動車学校となり、スタンドの一部がそのまま利用さ

図1　「ナゴヤ球場絵はがき」（昭和30年代）高橋洋充蔵

図2　山本球場の現況

れている（図４）。

●中京球場（図６）

現在の中京大中京高校グラウンドである。学校創設は１９２３年、グラウンドは１９２９年には、内野スタンドなども完成した。当初は中京商業、その後中京高校と名を変え現在に至る。

●名医大球場（図６）

現在の中京大学とグラウンド（野球場ではない）である。１９３０年頃工事を開始したと思われる。名医大は現在の名古屋大学で、その後中京大学に移管され現在に至る。

●大須球場

１９４７年オープン。52年まではプロ野球も開催された。その後閉鎖となり、跡地はフィギュアスケートで多くの名選手が輩出された名古屋スポーツセンターとなった。

●東山スタヂアム

１９４８年オープン（図５）。存在期間は短く、廃止時期などは不明だが、１９５５～58年の都市計画図には記載がある。跡地は、現在の愛知総合工科高等学校となった。

●エンゼル球場

現在の久屋大通に１９５４年から62年頃まで存在。森永製菓がスポンサーであり、エンゼルの名は、その後のエンゼルパークにもつながっている。（高橋洋充）

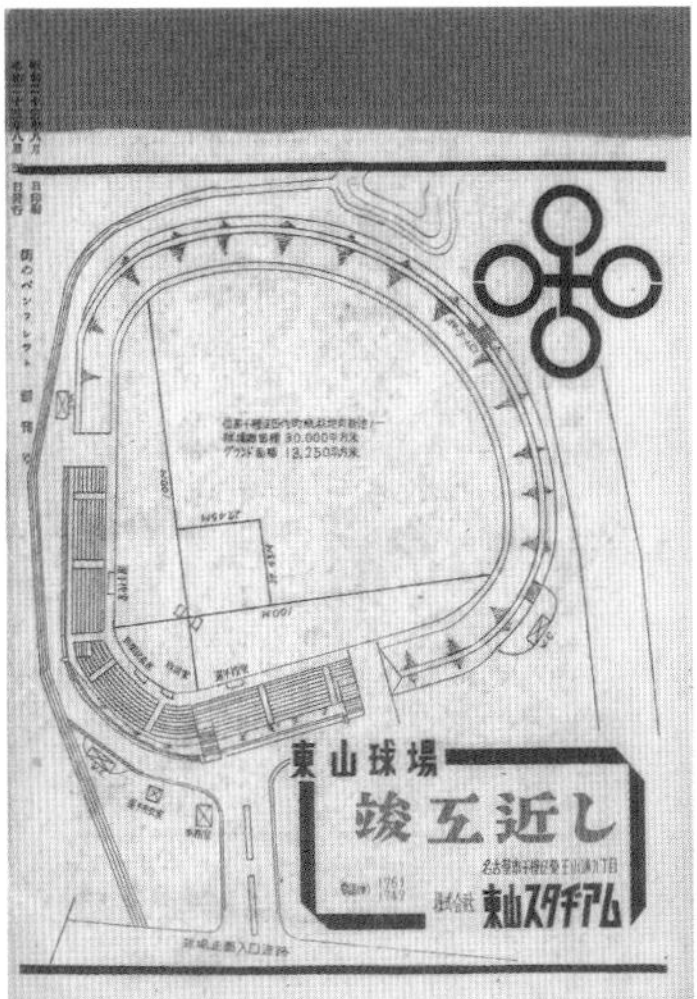

図５　東山スタヂアム図面（「街のパンフレット」創刊号、1948 年 8 月）個人蔵

図３　「鳴海球場絵はがき」(1927 ～ 33 年頃) 高橋洋充蔵

図４　鳴海球場の現況

図６　左上：中京、中央左：山本、同右：名医大、右下：八事尾電の各球場
名古屋市都市計画基本図（1955 ～ 58）を使用

バラックに看板と提灯を出してスタートした（気晴亭提供）
（上）　1958年に現在地に移転した（気晴亭提供）
（左）　1964年に改築（『名古屋味覚地図』1965年度版）

●『名古屋味覚地図』（1965年、創元社）掲載のお店を訪ねて①

気晴亭

とんかつ

名古屋で一番古いとんかつ屋さんである。創業は1945年。鶴舞公園のバラックでレモン水を売ることから商売を始めた。創業者の加藤登さんは戦時中、海軍の戦艦で料理長をしていた。当時海軍士官だった中曽根康弘元首相と同じ船に乗っていたという。

1958年に現在地（中区千代田五丁目）に移転。とんかつがメインになったが、中華そばからカレーライスまで、お客さんが喜ぶものであれば「何でもあり」の中華・洋食レスランに成長した。

登さんは研究熱心でオリジナルメニューを次々に開発。1969年に柴田書店から刊行された料理本『とんかつ』には、東京の有名店と並んで気晴亭のメニューが載っている。「アラブとんかつ」「ファルシーとんかつ」「オイル焼きとんかつ」「みぞれとんかつ」…。どんなとんかつなのか、一度は注文してみたくなる。たとえば「アラブとんかつ」は、薄切りのロースにバターライスをはさんで揚げた中華ちまきのようなものだった。

場所柄、名大病院の先生や、市の公会堂でおこなわれたコンサートの出演者たちお気に入りの店でもあった。伝統は今に続き、著名ミュージシャンの来店も多い。「商売は奉仕」が初代の理念だ。その精神は三代目慎二さんがしっかり引き継いでいる。

店名は「きはるてい」だが、昔からのお客さんは「きばらしてい」と読んだそうだ。来店したお客の気が晴れるように、という願いが込められている。（編集部）

マッチ
芹沢銈介のデザイン

2階個室の襖。デザインは芹沢銈介

現在のお店の外観

独特の味わいがある
お品書

右は『名古屋味覚地図』1966年版の表紙。上の写真と比べてみると、55年間、お店の外観はほとんど変わっていないことがわかる

●『名古屋味覚地図』（1965年、創元社）掲載のお店を訪ねて②

八雲

民芸割烹料理

創業は1961年。初代女将が旧尾張藩士らが明治時代に開拓した北海道の「八雲町」出身だったことが店名の由来である。

お店の場所（東区東桜二丁目）は、江戸時代は寺町だったところだ。戦時中の空襲で焼失したり、都市計画のため移転したりした寺院も多いが、周辺は落ち着いた雰囲気をまだかすかに残している。

創業当時の外観写真と現在を比べてみると、ほとんど変わりがない。『名古屋味覚地図』1966年版には、「高山の蜃気楼がでたかと錯覚をおこすような建物」と形容されている。創業からおよそ60年、都市部を中心に変化の激しかった名古屋の街なかで、どんと構えて変わらず営業を続けてきた。

女将の連れ合いが民芸関係の美術商だったこともあり、棟方志功・芹沢銈介・河合寛次郎・濱田庄司などの作品が店内のあちこちに展示されている。これも当初から変わりない風景だという。客席のテーブルや椅子、一部の襖は創業当時のまま使われ、格調ある雰囲気を演出している。

お店のメインメニューである牛しゃぶしゃぶは、名古屋ではここが元祖である（創業当時は商標登録の関係で「すすぎなべ」と呼ばれた）。秘伝のたれは代々受けつがれてきた。

現在の料理長兼店主である伊波喜久男さんは二代目のもとで修業してそのままお店を引き継いだ。不易流行、お店のコンセプトを守りつつ、これからもやっていくつもりだ。（編集部）

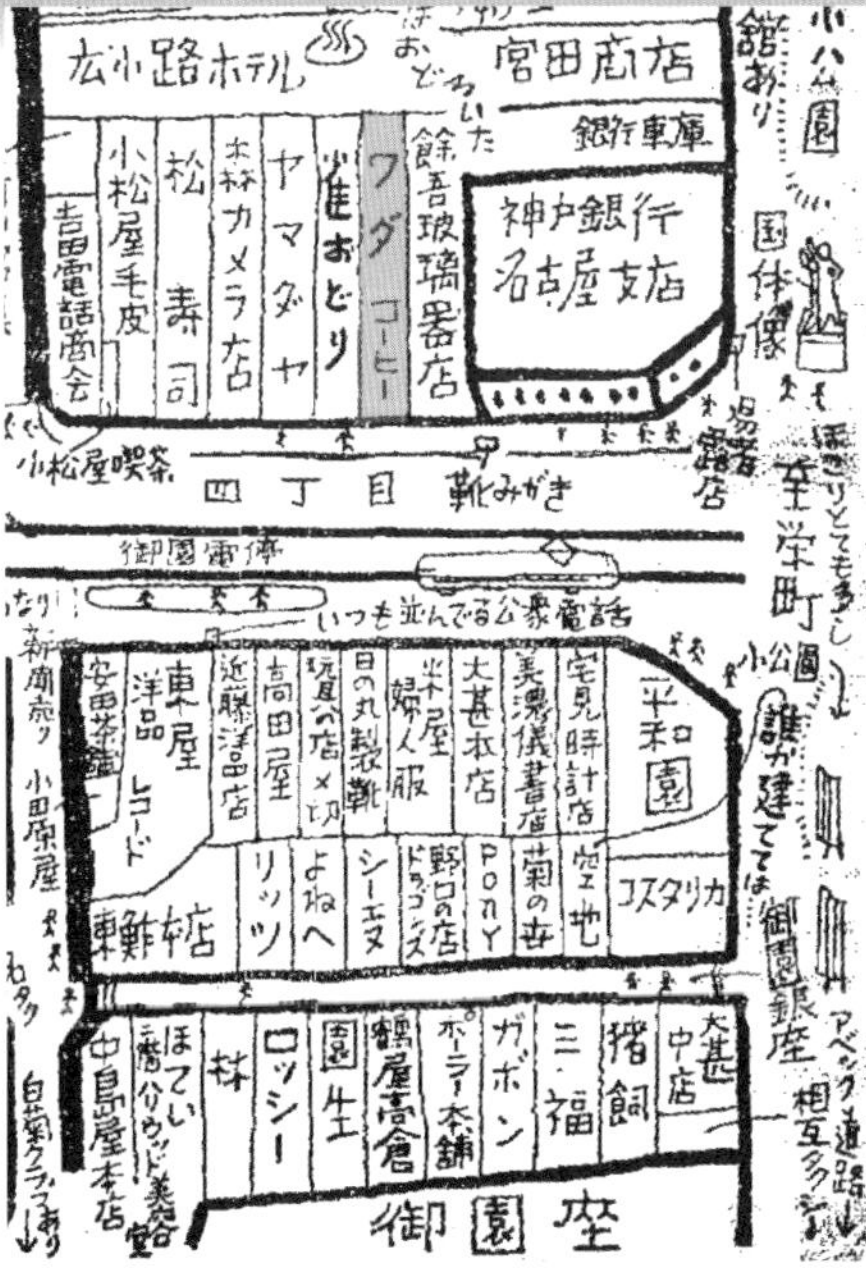

伏見四丁目周辺地図（「名古屋タイムズ」1952年10月21日）

↑広小路四丁目にあったブラジル和田珈琲店（『名古屋味覚地図』1965年版）

←創業者の和田昌信さん。お店の近くにある御園座によく通った（『幻の赤い珈琲を求めて』）

●『名古屋味覚地図』（1965年、創元社）掲載のお店を訪ねて③

ワダコーヒー

コーヒー卸し・喫茶ほか

2018年に創業100年を迎えたワダコーヒー。創業者の和田昌信さんは、中部地区で初めて焙煎機をアメリカから導入。コーヒーが第二のお茶として日本の一般大衆に受け入れられることを目指して事業を展開した。

創業から9年目に「ブラジル和田珈琲店」と改名。ブラジル政府のコーヒー普及活動を担っている。日系移民として海を渡りコーヒーを栽培している同胞たちの豆を、名古屋で売りたいと思ったからだ。

戦後、焼け跡から再出発。1947年に広小路（中区伏見四丁目）に直営の喫茶部を開いた。『名古屋味覚地図』1965年版の紹介記事には、「和田コーヒーには常連が多い。社長の和田昌信氏が演劇通であり、世話好きであるために、ここが後援会や友の会の会場になるのも多い」とあり、政財界や芸能関係者とも広く親交があった昌信さんの人柄を伝えている。

時代は高度成長期。毎週のように得意先が新規開店し、営業担当者はお店の指導や手伝いに忙しかったという。四代目の和田康裕さんは、著書『幻の赤い珈琲を求めて』のコラムで、「100席くらいの大型店になると、お湯を沸かした寸胴にコーヒーの粉を入れ、ボイルして5升のネルフィルターで一度に濾してしのいだ」と、伝え聞いた当時の喫茶店の賑わいぶりを紹介している。

焙煎は浅め、甘くて赤味がかった色がワダコーヒーの持ち味。その伝統はこれからも守っていきたいと、康裕さんは話す。（編集部）

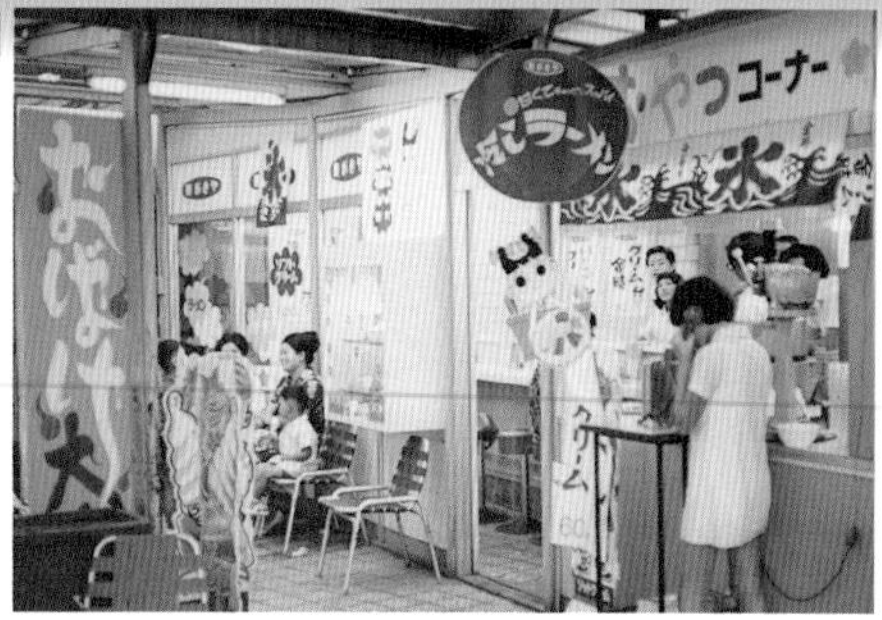

（左）豊田ビルにあった寿がきや女性センター店頭（1960年）
（上）名鉄百貨店屋上にあった女性センター（1959年）スガキヤ提供

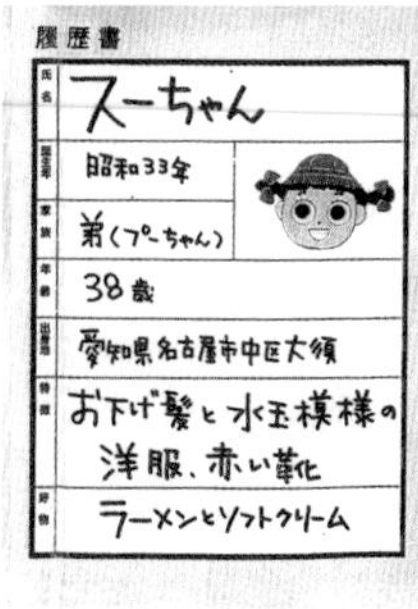

スーちゃんの履歴書とイメージキャラクター誕生までのデザイン（スガキヤ提供）

●『名古屋味覚地図』（1965年、創元社）掲載のお店を訪ねて④

寿がきや

ラーメン・甘党

寿がきや女性センターをご存じだろうか。1958年、名古屋駅前にあった毎日ビル地下に第1号店がオープン。名古屋名物になった。好評につき、「栄店」「豊田ビル店」と次々に出店。店頭には「女人禁制」ならぬ「男子禁制」の看板があった。

男性が入ろうとすると「玄関払い」をくったそうだから、なんとも気の毒である。

『名古屋味覚地図』1965年版には、「日曜日には家族づれの奥さんがたも多い。奥さんがセンターで甘いものを食べている間、だんなさんはおとなしく玄関で待っている。お気の毒ですが、小学生以上の男子は一切、オフ・リミットなものですから……」という若いマネージャーの話が書き留められている。

男性客がいないことで、「おかわりだって平気」「女性同士なら大きな口をあけて食べられる」「ラーメンと甘いものを食べても安くて嬉しい」など、女性客に好評だったという（「寿がきや」社史）。

このころ、寿がきやスーちゃんが誕生している。「中日新聞」でおこなった一般公募で選ばれたキャラクターである。二本編みの髪に水玉模様の服を着て、元気いっぱいの可愛らしい少女なのだが、履歴書によれば、出身地は名古屋市の大須。好物は当然ながらラーメンとソフトクリームである。のちに弟のプーちゃんも誕生。1965年には一緒にテレビCMに登場している。（編集部）

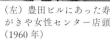

第４章

まちの記憶をたどって②

日本映画博覧会天然色絵はがき　本田祐司氏提供

【犬山】

夢の子ども王国——犬山遊園地からラインパークへ

＊本項の写真は本田禮司氏撮影、本田祐司氏画像・写真提供

1923年（大正12）に名古屋鉄道により開発が計画され1925年4月に開業した「犬山遊園地」は、木曽川河畔、犬山城の直下から旧名鉄犬山ホテルと周辺地にあった。

1925年11月に犬山橋が完成、犬山から電車が開通し、それに伴い花壇、グランド、クラブハウス、料理旅館彩雲閣、旧犬山ホテルが徐々に整備された。

「こども博覧会」を皮切りに

「遊園地」としての形が整い充実するのは戦後、1949年4月に初めて開催された「こども博覧会」においてである。翌50年3月には「犬山遊園地完成記念パラダイス」を開催。電鉄系の沿線遊園地が毎年春に博覧会（催事）を開催しレール収入増を図る慣わし通り、さまざまなイベントが開催された。

そして1953年11月成田山名古屋別院落成に伴い犬山自然公園用地買収に着手。

昭和30年代に入ると大規模で大掛かりな催事になっていく。

1955年3月20日から5月31日まで、犬山遊園地で「大宇宙探検博」が開催された。

・大ロケット機（ドーム型展示館へのファサードのテーマ塔（高さ19m）

・大宇宙探検旅行館

最上階（3F）から入場し螺旋型に展示を観て階下に降りるメインの大型ドームで、高さ60尺（18・

犬山こども博覧会（1949年）

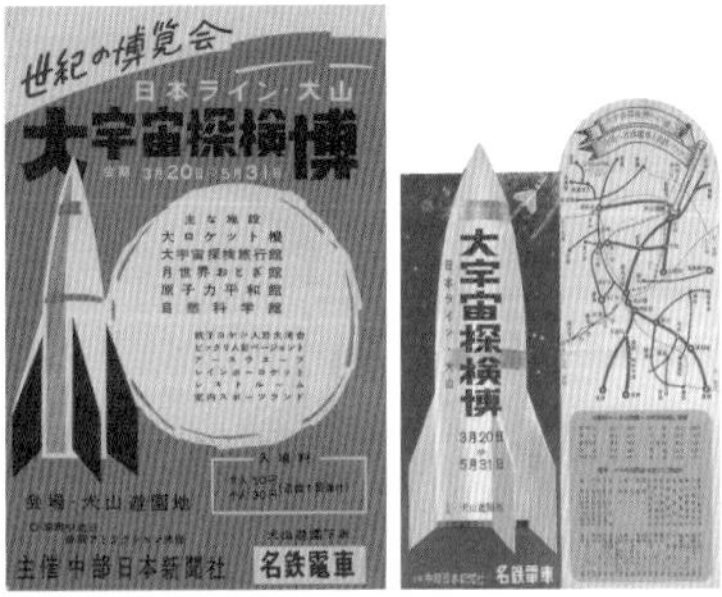

大宇宙探検博

博覧会の名称と開催初日

	名称	開催初日
犬山遊園地	犬山こども博覧会	1949/5/5
	魔法の国犬山パラダイス（犬山遊園地完成記念）	1950/3/20
	オールのりもの博	1951/3/20
	大本山成田山霊宝展	1951/10/7
	婦人こどもパレード	1952/3/25
	世界の童話カーニバル	1953/3/20
	童謡世界めぐりカーニバル 皇太子殿下御外遊記念展	1954/3/20
	大宇宙探検博	1955/3/20
	忠臣蔵大展観	1955/10/2
犬山自然公園→ラインパーク	世界風俗博	1956/3/20
	犬山成田博	1956/9/23
	日本映画博	1957/3/20
	日本歌謡史博	1958/3/16
	平和日本防衛博覧会	1959/3/15
	犬山こどもパラダイス	1960/3/20
	交通科学フェアー	1961/3/25
	おもちゃ博	1962/3/18
	レッツゴーサーカス	1963/3/23
	納涼カーニバルお化け大会	1963/7/14
	ハイカラの花開く明治博	1964/3/15
	楽しい生活文化展	1964/12
	花の世界博	1965/3/20
	まんが博	1966/3/12
	怪獣博	1967/3/12

2m）直径84尺（25・5m）
・クラブハウス…月世界おとぎ館（1F）・レストルーム室内スポーツランド（2F）
・旧犬山ホテル…原子力平和館（1F）・自然科学館（2F）

ラインパークの誕生

この催事と並行して犬山市および愛知県の協力を得て自然公園開発に着手、遊歩道路工事にかかり同年9月には自然公園の中心をピクニックランドと名づけ、白山平《はくさんびら》付近1万5000ヘクタールの整地植樹を完了し、犬山での博覧会（催事）が大規模化した。1960年6月、ラインパークと改称し、通年型の遊園地が成立。春秋の催事を含む大型集客施設となった。

（近藤 順）

明治博（1964年）と
花の世界博（1965年）

遊園地風景（絵はがきから）

広告、チラシに見る昭和30年代の催事

菊人形

【犬山】犬山に撮影所がやって来た！——奇跡のような75日

日本映画博覧会の開催

1950年代は日本映画の黄金期であった。国際映画祭で日本映画が高く評価されるようになった時期である。また、年間500本を上回る日本映画が公開され、全国7000館にも及ぶ映画館に10億人もの人がつめかけた時期でもある。

そんな日本映画の絶頂期の1957年（昭和32）3月20日から6月2日までの75日間、犬山市で日本映画博覧会（以下、映画博）が開催された。日頃ライバル関係にある日本映画6社（松竹、東宝、大映、東映、新東宝、日活）が協力したという奇跡のような博覧会であった。

映画博の主催は、名古屋鉄道と中部日本新聞社であった。特に名鉄には、もともと景勝地として知られていた犬山を、お城とライン下りばかりではなく、一年を通して人々に楽しんでもらえるような観光施設を備えたリゾート地にしたいという思惑があった。開催に先立って、会場最寄りの犬山遊園駅が拡張され、犬山大自然公園（現在の「日本モンキーパーク」の原型）の開発も進められた。

各社の俳優たちも来場

概して言えば、映画博は、映画の大衆生・娯楽性・芸術性を組み合わせて強調したような企画で、会場は三つに分かれていた。

第一会場は犬山大自然公園。撮影場の雰囲気を体感することができた。京都三条大橋や名古屋城下などのオープンセットや室内セット、特殊撮影のためのミニチュア

「日本映画博覧会」招待券

「日本映画博の歌」レコード

日本映画博の歌

岸美智子作詞
石本美由起補作
船村徹作曲
中部日本新聞社
名古屋鉄道株式会社 選定歌

岡本敦郎
コロムビア オーケストラ

一、日本ラインに　城影映し
花の犬山　パラダイス
若い心の　憧れを
呼ぶよさそうよ　パノラマの
夢も麗はし　映画博

二、絵巻模様の　オープンセット
並ぶ宿場や　チャイナ街
花のスターの　面影が
誰の胸にも　浮びくる
夢も微笑む　映画博

三、お化け屋敷や　お伽の国よ
子供映画の　科学館
あかぬ不思議さ　面白さ
廻る風車も　くるくると
夢をさゝやく　映画博

四、広い世界の　隅々までも
伸びる映画の　躍進を
示す設備の　素晴らしさ
今日もあしたも　人々の
夢をよぶ〳〵　映画博

2/1
コロムビアレコード
Columbia
PR 1669

「日本映画博の歌」歌詞カード

などが組まれた。

第二会場は犬山遊園地。子供をターゲットにした。忍術などのトリック映画やディズニーなどのアニメ映画がどのように制作されているのかを学ぶことができた。

第三会場は名鉄百貨店6階。日本映画60年の歴史を伝える展示物や映画教室などが呼び物になった。映画芸術の普及と映画博の宣伝という目的があった。

映画博には各社の俳優が来場し、華を添えた。開催期間中には名古屋や犬山でロケがおこなわれ、コロンビアレコードからは「日本映画博の歌」が発売された。

映画館を飛び出して映画を体感的に味わう機会を来場者に与えたという点で、それ以前に、東京や京都といった映画の制作地ではない地方で開催されたという点で、まさに画期的な博覧会であった。

（小林貞弘）

『平凡 日本映画博グラフ』（1957年3月10日）

【一宮】昭和30年代の一宮

焦土からの復興

戦災で市街地の主要部分が大半焼失した一宮市は、戦中・戦後の物資不足に応えていち早く繊維産業を復活させ、資材不足に苦しみつつ「戦後特需」に応えた。続いて「朝鮮戦争特需」が訪れ、織機を動かせば万札が舞い込む「ガチャ万」時代。景気の波はあったが総じて好調に推移して昭和30年代を迎えた。その直前の1954年（昭和29）には、当時珍しい民間との共用駅として「尾張一宮駅」も完成した。1955年には「昭和の大合併」も実現した（図1）。

こうした高揚の中で、尾張の国一ノ宮であり市民の氏神的存在でもある真清田《ますみだ》神社《じんじゃ》（戦災で焼失）の復興が進み、1957年には仮安置していたご神霊を新本殿へ移す「遷座祭」がおこなわれた（図2）。その前年には、市中心部を大型のくす玉などで飾る商業祭「一宮織物感謝祭（七夕まつり）」が始められ、華やかな賑わいが復活した（図3）。その後、真清田神社本殿と並べて織物由来の摂社「服織《はとり》神社《じんじゃ》」も創建した。1961年には真清田神社のシンボルでもあった「楼門」も再建して、「尾張様式」の社殿をすべて復元した。

そうした中、1958年には大乗公園に「一宮空襲殉難碑」が設けられ、以後毎年慰霊祭がおこなわれるようになった（図4）。翌59年には伊勢湾台風が襲来し、一宮市内でも学校などが軒並み被害を受け

図1　1955年「昭和の一宮市大合併」祝賀パレード

図2　1957年、真清田神社御遷座祭祝賀行事で賑わう神社前

図3　1956年、第1回七夕まつり「ミス・ミスターパレード」

図4　1958年、大乗公園に「一宮空襲殉難碑」竣工

たほか、民家の倒壊や市街地浸水などの被害に遭った（図5、6）。

一宮インターチェンジの完成

市の業務が増え市税収入も増えたので、1960年には市庁舎を大増築して新館を併設した（図7）。市民向けの福祉会館や労働会館・児童館なども次々と建設され、市内各地の地域活動も活発化した。1961年には集中豪雨の被害もあったがのり越えた。1963年には戦後日本の新しい大動脈名神高速道路の一宮インターチェンジが完成し、名岐バイパスも開通した（図8、9）。

他方、こうした復興・発展の陰で、一宮を中心とする尾西地方では大きな産業構造の変化がおきていた。原因の一つは猛烈な人手不足で、従来の生産体制では対応できなくなり主に韓国へ生産を移した。その結果、一宮からは潮が引くように若い労働者が減り、市内の小売、サービス業は他地域以上のスピードで衰退した。もう一つは繊維素材の変化で、戦後「化学繊維」「合成繊維」（併せて化合繊）と総称される石油由来の新繊維が次々と開発され、「毛織物」など天然素材と競合し始めた。

（森 靖雄）

＊本項の写真はすべて一宮市中央図書館提供

図5　1959年、伊勢湾台風、一宮でも各地で被害（現「本町」交差点）

図7　1960年に増築された一宮市役所
塔屋の左＝南が増築新館

図6　1959年、伊勢湾台風の被害（大和町福森の住宅）

図9　完成した一宮インターチェンジ

図8　1963年、名神高速道路一宮ICまで開通

【一宮／羽島】

渡船時代の終焉を告げた濃尾大橋

愛知県一宮市と羽島市の間に架けられている濃尾大橋は、1955年（昭和30）12月に竣工、翌年1月に開通した。全長777・7m、幅8mの橋である。愛知県・岐阜県を結ぶ主要道路に相応しく車の往来が絶えることはない。

渡船が一般的だった木曽川

昭和20年代には木曽三川にもまだ渡船がいくつもあった。濃尾大橋の北側には美濃路の起渡船場があり、江戸時代より渡船で対岸に行き来していた。明治時代になっても、木曽川に橋梁は少なく、渡船による渡河は一般的であった。大河川に橋がない理由は軍事的目的ともされるが、洪水による流出の危険性や舟運が盛んだった時期には現実的には橋がない方が効率的であった。

渡船の弱点は天候であった。増水になれば、川留を余儀なくされる。天候の前には身分は関係なく、将軍や大名といえども、川留になれば、川明けを待つしかない。ま

濃尾大橋上空より市街地を望む

濃尾大橋料金所

た、乗員数も限られていた。

濃尾大橋の架橋

ところが、橋梁技術も向上し、大正末から昭和に入ると、自動車が地方にも普及するようになる。同じ美濃路の佐渡・墨俣には19 38年に揖斐大橋、長良大橋が建設され渡船は廃止となった。木曽川でも1925（大正15）には犬山橋が架けられ、1937年に笠松と里小牧間に木曽川橋が架橋され、濃尾大橋の建設の要望も昭和初期にはあったようである。当時の竹鼻町が岐阜県に請願をおこなっていることが『羽島市史』に記されている。竹鼻や起は同じ織物業の街として発展している最中であり、両都市の行き来に渡船は不向きとなっていた。

濃尾大橋の架橋後、1608年（慶長13）より続く起渡船は廃止となり、周辺の渡船も姿を消していった。昭和30年代は尾西織物の全盛期であったが、木曽川の渡河手段が渡船から橋へという転換になった時期でもあった。現在では県営西中野渡船が運行を続けているのみである。その近くには西中野渡船に変わる新濃尾大橋の完成が近づいている。（宮川充史）

水泳場と濃尾大橋

＊本項の写真はすべて一宮市尾西歴史民俗資料館提供

起水泳場と濃尾大橋

【尾張旭】滑走路が国道になった

国道363号線制定の歴史は、本地ヶ原発展の経緯とも重なる。その昭和以降の沿革を記すと次のようになる。

グライダーの離着陸訓練用の滑走路（昭和10年代後半）→幹線道路（昭和20年代）→瀬港線（昭和30年代）→県道守山瀬戸線（1965年〔昭和40〕）→国道363号線（1975年〔昭和50〕）

幹線道路（飯田街道から分かれて瀬戸の山口に通じる幹線道路）であったが、昭和10年代後半は、グライダーの離着陸訓練用の滑走路でもあった。

グライダーの離着陸訓練用の滑走路として使われていた頃は、大きな「ぐり石」が敷かれ、その上を赤土と石灰を混ぜた土で固めていたという。

太平洋戦争の状況が厳しくなり、本地ヶ原でも軍の戦闘機が飛ばせるように昔からの道（山口道）を滑走路にしたが、現在の市バスターミナル（西本地ヶ原のバス停）から約3000mの長さしかなく戦闘機用の滑走路としては短かったようだ。

瀬港線

1955年（昭和30）頃には陶磁器の原料等を輸送する道になり、瀬戸と名古屋港を結ぶ主要道路ということから「瀬港線」と呼ばれるようになり、開拓者の子供が通勤・通学で利用するようになった（図1）。

また、1957年には念願の名鉄バスが通るようになった（図2）。バスの本数は1日に4本と

図1　「ぐり石」が埋まっていた幹線道路（1954年）　本地原小学校提供

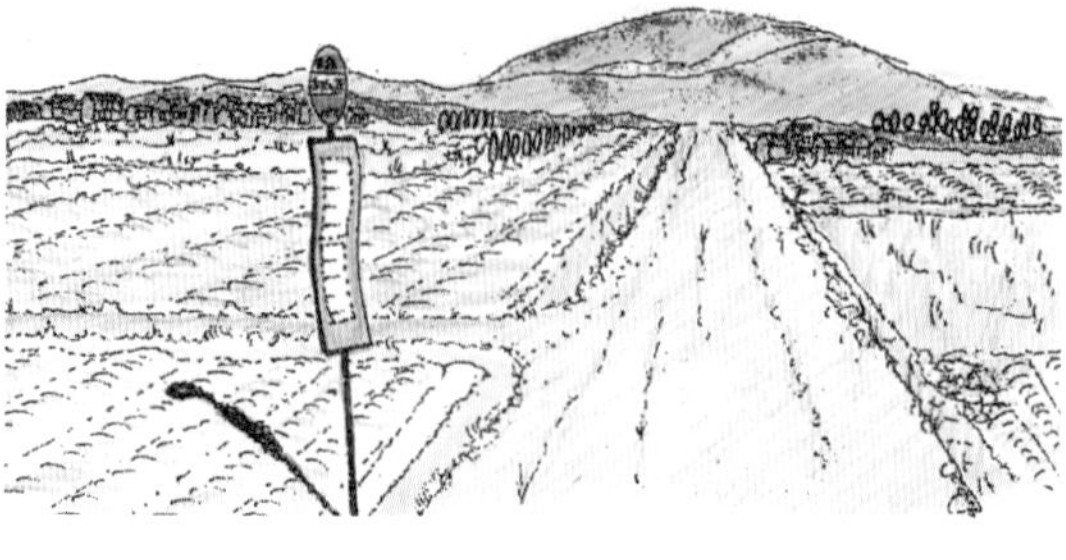

図2　名鉄バスが通るようになった「瀬港線」（1957年）　本地原小学校提供

少なかったが、住民の重要な足となっていた。

県道守山瀬戸線

１９６５年に「県道守山瀬戸線」となり、道路沿いにはガソリンスタンドや商店が見られるようになったが、まだ道の両側には田畑が広がりのどかな雰囲気が残っていた（図４、図５）。

また、小学生の通学路に指定されたり、秋祭りの山車《だし》の通り道になったりしていた。

図３の左上には保育園と格納庫の一部が見え、その奥には、弥生時代後期の古代人が生活していた長坂丘陵の広がりも見える。

国道３６３号線

１９７５年に国道３６３号線の指定を受け、尾張旭に一つしかない国道となった。商店や企業が進出し始めた頃の様子であるが、現在では、この頃以上にロードサイト店が立ち並んでいる（図６）。

デザインを工夫した建物や人と車の多さ、そして夜の明るさを見るだけでも、この地域の将来についての「想像の翼」が広げられそうである。（榊原　剛）

図３　県道守山瀬戸線からの長坂丘陵（1965 年）　榊原剛提供

図 4（左上）　県道守山瀬戸線を通る小学生（1965 年）　榊原剛提供
図 5（上）　秋祭り（1967 年）　近藤正清氏提供
図 6（左下）　商店等の立ち並ぶ国道 363 号線（1985 年）　榊原剛提供

【尾張旭】陸軍演習場の跡地で始まったスイカ栽培

「日の丸スイカ」とは？

縦のしま模様が薄く、大きさも現在目にするものと大差はなかった（図1）。しかし、食感は口の中でとろけるような感じで、今のスイカとは比べ物にならないぐらい美味しかったという。

当時の日の丸スイカのラベルには一代交配と書いてあった。二つの品種を交配すると、一代に限っては成長が素晴らしかったり美味しい実ができたりするが、その種子をまいてもその優れた特性は遺伝しないのである。毎年交配しなければならないため、苗は高かったのであろう（図2）。

「日の丸スイカ」の本当の名前は旭大和という品種であった。現在でも、スイカの新しい品種は大和（奈良）で作られており、スイカと大和との関係は深いように思われる。

日の丸スイカ」の栽培と収穫・出荷

日々の生活に追われていた開拓者の生活も、1955年（昭和30）頃から本地ヶ原のような赤土を好むというスイカ栽培の成功によって少しずつ落ち着いていった。

本地ヶ原のスイカは「日の丸スイカ」と呼ばれ、市場でも高い評価を得ていた。1個5kgのスイカが500円ぐらいで売れ、リヤカー1車で2万円（現在の10万円）ほどの収入になったという（図3）。この収入により食料の補充や借金の返済、農機具の購入などができるようになり、秋祭りで「日の丸スイカの山車《だし》」まで造られるようになった（図4）。

図2　紙テントに覆われた「日の丸スイカ」（1960年）
近藤正清氏提供

図1　「日の丸スイカ」
榊原剛提供

図4　「日の丸スイカの山車」（1964年）
飯田哲也氏提供

図3　「日の丸スイカ」の収穫（1960年）
苅谷良一氏提供

スイカは重くて運ぶのが大変であったため、共同出荷という方法が取られたようだ。また、スイカをトラックに積み込むのは大変なことであったが、小遣い稼ぎのため子どもたちは一生懸命に手伝ったという。

しかし、このスイカ栽培による好景気も長続きせず、7~8年で終わったという。スイカは、「いや地現象」を起こしやすく連作ができないため、1966年頃から収穫が大幅に減少したことや、インスタント飲料水の出回りでスイカの需要が減ったからである。

「日の丸野菜」の登場

スイカ栽培が下降線をたどり始めた頃から、トマトや黄瓜の栽培がおこなわれるようになり、トマトはケチャップ会社と契約して共同出荷をしていたようだ。

また、スイカ栽培の裏作として、白菜や大根の栽培もさかんにおこなわれるようになり、市場では、甘みのある「日の丸白菜」「日の丸大根」として「日の丸スイカ」と同じように好評を得ていたという。当時、この地区の白菜は農林省の産地指定地域とされ、60ヘクタールに及ぶ作付けがおこなわれていた。

満面な笑みで「日の丸白菜」を収穫し、満足気に出荷の準備をする夫婦の姿に感動を覚える（図5、6）。

また、立派な「日の丸大根」を収穫した夫婦と祖父の姿に開拓農家としての充実感がうかがえる（図7）。（榊原 剛）

図5 「日の丸白菜」の収穫（1966年）
五藤喜久代氏提供

図6 「日の丸白菜」の出荷の準備（1966年）
五藤喜久代氏提供

図7 「日の丸大根」の収穫（1966年）
坂元子氏提供

【瀬戸】

忘れられた青春キップ——戦後の一大叙事詩・瀬戸の集団就職

陶都・瀬戸の最大繁栄を支えた「集団就職」

やきものの町・瀬戸市の特産品にノベルティと呼ばれる輸出向けのやきものがある。人形や動物、キャラクターなど、やきものでつくられた置物や装飾品のことで、世界１００カ国近くの国々に輸出されていた。千余年と言われる陶都・瀬戸の窯業史の中で昭和40年代から50年代に最大繁栄をもたらしたのがノベルティなどのやきものであり、その生産を担った重要な労働力が集団就職で瀬戸へ働きに来た若い女性たちであった。

ノベルティ生産を担った「集団就職」

「ものづくり王国」愛知県では、自動車産業が今日のような盛況をきわめる「トヨタ以前」はノベルティなどのやきものと一宮・三河知多の紡績繊維が花形産業であった。瀬戸市のノベルティ生産を集団就職が担ったのには格別な理由があった。さまざまな分業工程を経て量産されるノベルティは、その生産工程のほとんどが軽作業で、若い女性向けの仕事が多かったことから安価で安定的な労働力として集団就職が歓迎された。

「集団就職」盛衰の軌跡

日本で初めて集団就職専用列車が走ったのは１９５６年（昭和31）。３月30日朝８時36分鹿児島駅発の６両編成ＳＬ「あけぼの号」は翌31日朝、大阪で第一陣を降ろした後、10

九州・鹿児島県からの集団就職の旅立ち（昭和30年代）

ベルティ工場でレース人形を作る女子工員
丸二産業（昭和30年代）

ノベルティメーカーへの入社風景
丸利商会（昭和30年代）

時41分に名古屋へ着いた。鹿児島を出て14時間後だった。瀬戸市への集団就職はこの時から始まった。先の東京オリンピックの頃、愛知県内に就職した新規中学卒業生の約65%は県外出身者で、多くが集団就職だった。その後、日米貿易摩擦による激しい円高によりノベルティ輸出は不振を極め、集団就職で来た女性たちも多くが瀬戸を去り、瀬戸市から集団就職の記憶は失われていった。

ものづくり王国の忘れ物 “集団就職”に「ありがとう」を

忘れ去られた集団就職の記憶―。私は瀬戸市政や愛知県政に「集団就職の日」を設け、集団就職のことを考える日をつくったらどうかと思っている。当地へ来てくれた人たちに「ここへ働きに来て本当によかった」と心から思ってもらっているかが私は気になる。戦後の一大叙事詩であった集団就職を「ものづくり王国ならではの無形遺産」として顕彰し、その記憶の掘り起こしの中から集団就職を新たな絆とする地場産業再生の糧を見出すことができるのではないか、私はそう思っている。

（中村儀朋）

ノベルティ会社での食事風景
丸利商会（昭和30年代）

ふるさとへの手紙に同封する瀬戸の写真。抱っこちゃんと（昭和35年）

寮の屋上でギターを奏でて憩う青春

幼くてあどけない少女工員たち。笑顔が輝いていた。
丸利商会（昭和30年代）

【津島】活気と災害の昭和30年代

1947年（昭和22）3月、敗戦からの復興とともに市制を施行した津島市。昭和30年代の津島市は激動の渦中にあった。

当初、市内はガチャマン景気（図1）、全国オートレース大会、神守神島田地区の合併などに沸き、一見華やかな市政がスタートする。しかし、深刻な財政問題、労働争議、都市整備の遅れなども抱え、1959年の伊勢湾台風、1961年の梅雨前線豪雨では甚大な被害を受けた。

昭和30年代後半以降は復興事業とともに都市整備が進み、かつての街並みは大きく変容していく。

天王通りの繁栄

天王通りは1930年に全線開通した比較的新しい通りであり、津島駅から津島神社までを結ぶメインストリートとして目覚ましい発展を遂げた（図2）。昭和30年代には従来の市役所や郵便局に加え、新たに銀行などの金融機関、各種商店、玉突きや酒場などの娯楽場、食堂、喫茶店、駄菓子屋などが建ち並び、「何不自由なく揃う商店街」として夜間でも人通りの絶えることがなかった（図3）。休日にもなれば近隣からの買い物客や市内毛織物工場の女性従業員も加わり、大変な混雑になったという。

昭和50年代以降、津島市役所の移転や大型店舗の郊外新設、天王通り延伸の挫折などが重なり、買い物客は次第に減少。往時の繁栄はみられなくなった。

図2　往来の激しい天王通り（1955年）津島市立図書館提供

図1　煙たなびく毛織工業地帯（1951年）津島市立図書館提供

図3　電飾煌めく天王通りの夜景（1955年）津島市立図書館提供

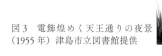

天王川公園の大規模整備

尾張地域を代表する都市公園のひとつとして、さまざまな整備が進む津島市の天王川公園。

ここはかつて「天王川」と呼ばれていた河川の一部であり、西尾張南部における陸路と水路とを結ぶ要所として機能した。また、津島神社の祭礼「尾張津島天王祭」の水上舞台でもあるため、毎年夥しい観光客を集めている。

昭和20年代後半から30年代にかけて天王川公園も大きく様変わりした。1950年、国民体育大会の相撲大会や全国オートレース大会（図4）の会場になったため、公園全域を大幅改修。盛大なイベントとなり、連日数万人もの観衆を集めた。

1956年になると、津島市は観光客誘致を掲げ本格的に公園整備を計画。矢継ぎ早に桜まつりの実施、動物舎（動物園）の増設、児童遊園地の設置など各種整備が進められた。

なかでも人気を集めたのが動物舎。市は「人目を引き、児童教育にも資する」として小動物園の拡充を図り、鳥類を集めた禽舎、ライオンや熊などを飼育する動物舎（図5）、鹿の放飼場（図6）などを相次いで増設した。増設後、休日には家族連れの人気スポットとして賑わったほか、平日でも登下校中の児童生徒たちが日課のように各種動物を眺めていたという。

この動物園は1998年度に廃止され、現在その敷地は藤棚の一部となっている。（園田俊介）

図5　天王川公園の動物舎（1965年）津島市提供

図4　第13回全日本オートバイ競走大会（1955年）津島市立図書館提供

図6　鹿放飼場での角切り（1979年）津島市提供

【知多】新舞子には国立の水族館があった

「新舞子水族館」こと「東京帝国大学農学部水産実験所附置水族館」。子どもの頃の記憶では、駅から水族館に至る導線には楽しげな装飾やモニュメントは皆無で、研究所然とした象牙色の建物が松林の中にあった。殺風景な入場門で料金を払い、建物への通路の右にはコイワシクジラの骨格標本、建物に入ると洞穴のように仄暗い中、水槽だけが光っており、そこを通り抜けると高天井のホールと円型プールがあり海亀や鮫が泳いでいる……これぞアカデミックアミューズメントな世界観があった。

戦時中は陸軍研究所の下請けも

さて、館の歴史を早回しで概観してみる。1936年（昭和11）7月23日開館。最新式の海水循環装置はしばしばトラブルも、良好な状態が開館から4年間、戦禍の中、1945年4月から休館して陸軍技術研究所の下請けで夜光虫の粉末を軍用品として製造していた。1946年から再開している。

昭和30年代の水族館の様子を愛知県小中学校長会編「遠足　指導の手引」から少し引用してみよう。「構造は鉄筋コンクリートの十字形で七十八の水槽をもち、鹹水魚水槽の中二個は一・五米角の三面ガラスの壁、水量十八トンを容れる日本最大の魚槽である。中央の円形放魚池は直経四・五米、水深一米、タイル張、水族館としての規模も全国一であるという。

飼育のために必要な水であるが、館の地下室に、海水貯水槽があって、五馬力のモーターでポンプを

館内メインホール円形プール（戦後の絵はがきより）

水族館入口
（戦後の絵はがきより）

水族館ファサードのコイワシクジラ骨格標本

同上円形プール観客風景（1955 ～ 58 年）

開館直後の
観光案内

動かし、各水槽に配水する。水槽から出た水は、濾過槽を通って、再び元の貯水槽に入り、循環している。海水は年一回、塩分濃度の適当な時期を選んで汲み入れる。

水族の種類は、海産のものとして、伊勢海、三河湾、三重県沖のものを主とし、淡水魚は、本州、中部地方のものである、この外に珍種としては、全国から集められて居り、かぶとがに、たつのおとしご、ようじうお、はりうお、てんじくだい、などがある。

開館は四月下旬から十月下旬までとし、毎日九時より午後五時まで料金三十円、館内の説明は、希望すれば所員がしてくれる。

標本の鑑定、生物に関する質問は開札口に申込めば実験所に取りついでくれる。

冬の期間は、魚族を渥美半島伊川津へ移し、ここで飼育されている」


30年代半ばから施設の老朽化と観光団体の行き先が知多半島の先端に変わったこと、東海市から日長沖まで臨海工業地帯の埋め立てが始まり海苔の養殖も途絶え、海水浴客は激減。

昭和40年代はほとんど休館状態で1970年に廃止になり実験所は浜松に移転した。（近藤 順）

「れいめい」1960年5月号

「採集と飼育」1939年8月号

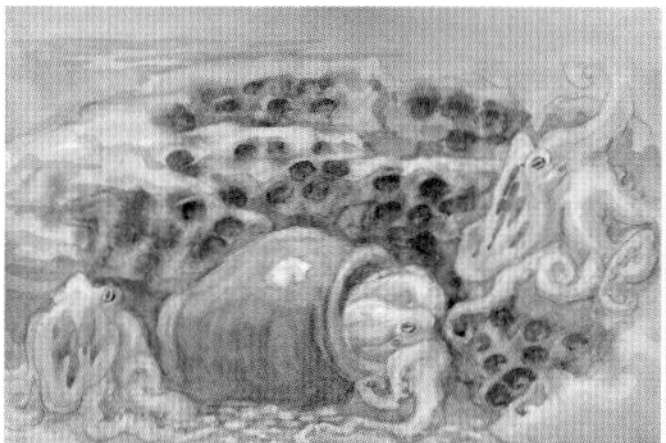

飼育展示水槽
（戦後の絵はがきから）

画家・近藤英夫が描いたタコ水槽（上）と大水槽（下）
近藤は雑誌「夜のなごや」の表紙画などで活躍したことでも知られる。

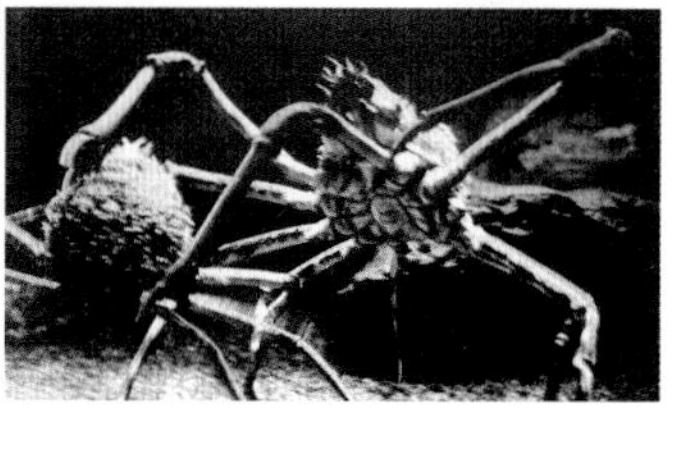

【西尾】市街地の買物

朝市は大にぎわい

昭和30年代、戦後の苦しい時代を乗り越えて、ゆとりのある生活の時代となり、西尾の街並みも徐々に変化していった。市街地の商店街も本町・幸町・肴町に加えて、これらの町と西尾駅とを結ぶ中央通りやその中間の三間通り沿いが賑わいを見せるようになった。肴町通りと中央通りが交差する場所には「文海堂」「黒部書店」の二軒の書店、中央通り沿いには三軒の銀行があった。また、私の家では、正月や八月の盆休み前には、おもちゃは肴町の「やまとや」、衣料品は本町の「カネハチ」で買うのが恒例となっていた。

その一方で、それまでと変わらぬ日々のくらしもあった。日常の食料品を商う朝市が、一と六の日に天王町で、三と八の日に三間通りでおこなわれ続け、近所のお婆さんたちが連れだって地元の肴や野菜などを買い求め、街路は真直ぐに歩けないほどであった。

これらの場所での買い物は、市民にとって楽しい思い出である。子供たちもお婆さんに10円を渡されて菓子や飴などを買い、楽しい時間を過ごした。この他、年1、2回程度であるが、中町で「瀬戸物市」、商工会議所主催の「びっくり市」（大売り出し市）が開かれた。

市内で初めてエスカレーターも

30年代後半になると、交流・日常消費は活況を呈するようになり、市内で初めて肴町に「スーパーサンエー」、中央通りに「衣料スーパーユーキチ」ができた。「サンエー」は後に北旭町に移転し、市内で初めてエスカレーターが設置され耳目を集めた。「ユーキチ」は、1966年（昭和41）には三階に食堂、屋上に遊具施設を併設して名古屋のデパートの雰囲気を持つようになっていった。

（松井直樹）

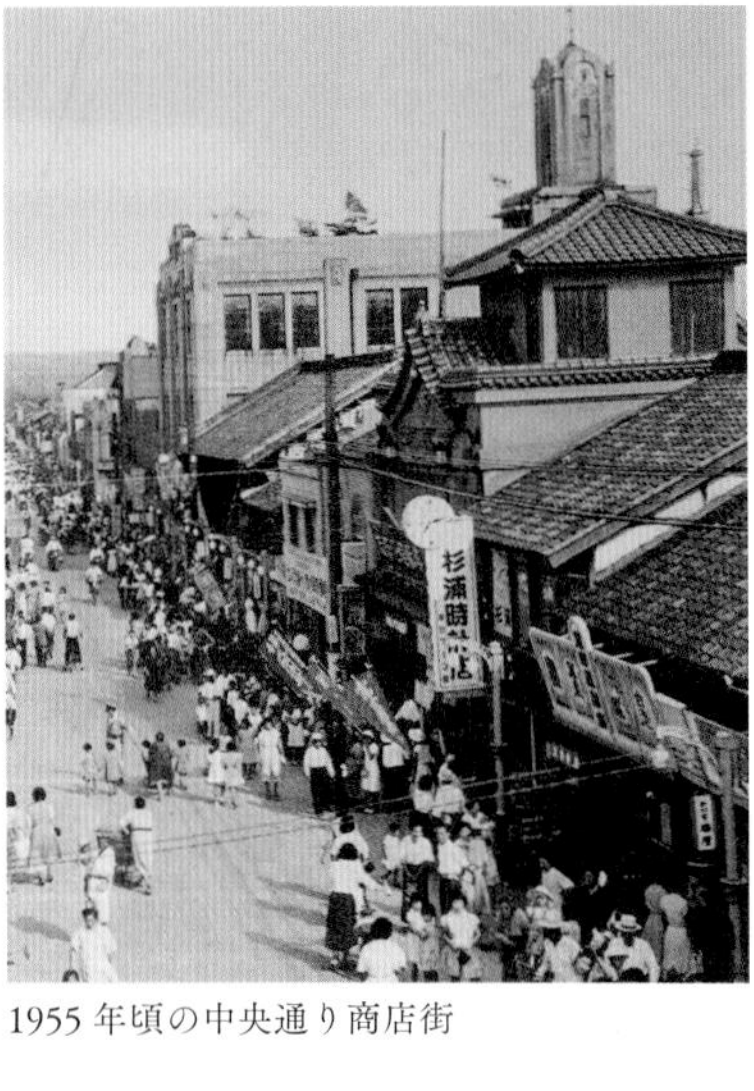

1955年頃の中央通り商店街

デパートユーキチの屋上遊具施設（1966年）
（『日々前進ードミー90年史』から）

【西尾】

西尾駅前の娯楽街

市民の足になった「西タク」

当時、名鉄平坂線や、碧南から吉良吉田駅までの三河線が運行しており、西尾駅は幡豆郡内から名古屋方面へ向かう拠点駅であった。1960年（昭和35）には名古屋本線から乗り替えなしの直通電車が登場し、西尾駅と新名古屋駅が69分で結ばれた。バスの運行路線も、岡崎、碧南、一色、知立など十路線と拡充していた。

こうした公共交通機関の充実によって、西尾駅は大勢の人たちが行き交う場所となっていき、幡豆郡の玄関としての役割を担うようになった。30年代後半には、駅前にあった「西タク」のタクシーも市民の足となり、私も自宅まで自動車に乗れることに心をはずませたものである。

映画黄金時代の到来

西尾駅周辺には、芝居や歌謡ショーがおこなわれていた西尾劇場で東映映画が上映されるようになり、1955年には洋画専門館のパール劇場も建てられた。当時、映画は黄金期を迎え、西尾劇場やパール劇場の他に、吾妻町に松竹映画の松栄館、菅原町に日活映画の鶴城映画館があった。生活にゆとりが生まれ、多くの人たちが映画を見に出かけ、満席となった。立見は当然ながら観覧席に入ることすら難しく、夏には冷房効果のために太い氷柱が立てられた。

また、1960年頃、中央通り寄りの駅前にパチンコ店がつくられ始めた。ひばりホール、正村、クローバーホール、西尾会館などは多くの客で混雑し、パチンコの音が鳴り響いた。交流人口が増加したことによって、駅前は新しい娯楽の場としての役割を担うようになった。（松井直樹）

（上）1960年頃の西尾駅（『市勢要覧』から）

（下）松栄館前の風景（浅井和男氏提供）

【碧南】夕日の美しい衣浦温泉

かつてあった名鉄本線栄生発碧南行特急で1時間、名鉄三河線新川町駅で下車。ここから北西6〜700mの旧海岸沿いの高台に、衣浦《きぬうら》温泉があった。昭和30年代に脚光を浴び、三河線沿線をはじめ名古屋・瀬戸・多治見などから宿泊客のある観光地であった。

終戦後に歓楽街として発展

衣浦温泉は、1955年（昭和30）に株式会社新明石が温泉開発を計画し、翌年温泉法による単純温泉として認められた。場所は碧南市字《あざ》沖見平の高台で、西に衣浦湾を望み、高台の南西にある海岸は新明石海水浴場として知られていた。

畑地や山林原野であった当地が変貌するのは戦時中である。碧海郡明治村（現安城市）に海軍航空隊が設置され、ここの将兵の慰安所の必要に迫られた。そこで当局は約9900㎡の当地を斡旋し、これに応じた碧南・高浜の料理業者・旅館業者約15名により、1944年に公娼街（遊郭）衣浦荘として発足した。土地は72坪ずつ配分され同じような店構えであったという。

終戦後は進駐軍の慰安所を経て、特殊飲食店として営業が続けられた。その後、業者組合である衣浦荘組合が主体となって、海岸に桟橋を設置したり、夏にボートを浮かべるなどし、さらにパチンコ・麻雀・射的・軽飲食店等12の店舗を並べ、歓楽街として繁盛した。

しかし1954年に売春防止法制定の機運が高まり、業者も転業

衣浦温泉　碧南市提供

夕日の美しい衣浦温泉
吉文より望む（1962年）
碧南市提供

衣浦温泉 10 周年記念 湯元本館前にて
石原公子氏提供

不可避を察知し、その方策に苦慮するなかで、温泉の発掘に踏み切り、温泉が湧出したのである。

温泉街のようす

　温泉旅館は、同年に吉文《よしふみ》が料理旅館を開業したのをはじめ、1956年には湯元本館が開業、ここから各温泉旅館に給湯された。温泉旅館は、吉文、湯元本館、八千久、寸楽、丸新、ひさご、翠扇、すゞ本、清元、山月の10軒である。丸新では旅館になる前に食堂を継ぎ足し、奥に浴場「天国風呂」を増築したという。

　温泉街では、春は潮干狩り、夏は海水浴、秋はハゼ釣り、冬は忘年会や新年会と、年じゅう海と温泉が楽しめ、海越しに知多の山々に落ちゆく夕日の眺めが旅情を誘った。

　来客は大型観光バスで1日に10台くらい来たこともあり、大相撲やプロ野球関係者、有名人の宿泊もあったという。

伊勢湾台風後に衰退

　しかし、1959年の伊勢湾台風で大きな被害を受け、護岸に防潮堤が築かれた。また1963年からの衣浦臨海工業地帯造成の工事により海岸が広く埋め立てられた。こうして観光地としての雰囲気は失われてジリ貧となり、やがて廃業していった。

　近年、かつての遊郭、温泉旅館であった建物が姿を消し、住宅地へ姿を変えてきている。臨海工業地帯の造成がまちの発展へ恩恵をもたらした。しかし同時に、新明石の海岸と衣浦温泉を失ったことを記憶に留めておきたい。

（豆田誠路）

解体直前の旧丸新（2021年1月）　碧南市提供

わずかに残る衣浦温泉組合の雪洞（2021年）

丸新で増築された浴場
石原公子氏提供

【岡崎】

岡崎の「表玄関」東岡崎駅前――広場から「岡ビル」へ

200軒の商店がびっしり

1957年（昭和32）3月18日付「名古屋タイムズ」に、岡崎市の繁華街や盛り場を訪ねたレポート記事がある。この記事を書いた記者の眼で、昭和30年代の岡崎の街を歩いてみたい。

記事冒頭で「ともかく殺バッとしてヒンジャクなんだ。なにしろ小学校の半分はあろうかというデッカイ未完成広場がどかっと中央にアグラをかいているんだから」ときた。東岡崎駅前のことだ。地元紙にも「雨が降ると駅前の広場は田んぼ」と揶揄されるほどだった。東海道本線岡崎駅は岡崎の「まち」から4km近くも離れているため、名古屋鉄道東岡崎駅が岡崎の「表玄関」だったが、昭和30年代初めはこんな風景であった。

東岡崎駅一帯も岡崎空襲（1945年7月20日）でほぼ全焼したものの、いち早くヤミ市が立ち、昭和30年代には商店街もほぼ整備されていた。さて、駅前は「北側は明代橋、西側は明大寺《みょうだいじ》バザーのある電車通りにかけて、200軒近い店舗が割り入る余地もなくぎっしり軒をつらねている」という。しかし、「パチンコホール4軒、五十円バー、赤ノレン、ふろ屋、明大寺市場、二、三のしるこ屋のぞくほかは、あまりパッとしない」様子だったようだ。

電車通りとは、「ちんちん電車」（名鉄市内線、1962年廃止）が走る岡崎の幹線道路である。東岡崎駅から最寄りの明大寺電停までの約300mが駅前通りである。通りに面して商店がびっしりと並び、

岡ビル百貨店（1958年）岡ビル百貨店提供（『岡崎市の今昔』から）

東岡崎駅前（明大寺）の電停。奥のガードは名鉄名古屋本線（1962年）。花上嘉成氏提供（『岡崎市の今昔』から）

その裏に住宅が密集していた。記者の書く「五十円バー」とはその名の通り、気軽にお酒を楽しめる場で、写真は1959年のチラシ。岡崎の繁華街に15軒ほどあった。

エコー百貨店の誕生

殺バツとした東岡崎一帯が変わるのは、59年に東岡崎の鉄道駅機能と商業施設とが一緒になった、通称「岡ビル」の完成である。鉄筋コンクリート2階建て（その後3階に増築）で、2階には服飾、眼鏡・貴金属店、本、文房具、喫茶、食事など「岡ビル商店街」が入り。岡崎の「表玄関」としての面目を果たした。屋上には夏はビアガーデン。遊園地もあった記憶がある。付近で子ども時代を過ごした筆者には、ここは特別な遊び場だった。

63年には駅前通りに「エコー百貨店」が開店した。エレベーター完備の地下1階、地上6階建てで屋上には空中観覧車。岡崎初の本格的な百貨店だった。その並びに富士ビルができ、地下1階と1、2階にスーパー「ほていや」が開店した。さらに昭和40年代に入ると「ユニー東岡崎店」も開店。東岡崎駅前通りは、康生《こうせい》通と並ぶ中心街となった。

さて、記事にあるように東岡崎駅前の魅力は、なんと言っても「夜」。駅前通りから一本南へ、名鉄本線沿いの裏通りには「悩ましいほど赤いランプがずらり」と記者が書くほどの賑わいがあった。57年当時、49軒の居酒屋、旅館も10軒あったという。この線路沿いの飲屋街は、仕事帰りのサラリーマンの楽園で、ながしの弾くギターの音色が夜遅くまで聞こえた。その飲屋街は2009年秋になくなり、駅前の中心である岡ビル商店街も2021年6月に閉鎖となった。（嶋村 博）

写真中央の6階建てビルはエコー百貨店（1963年）。個人蔵（『岡崎市の今昔』から）

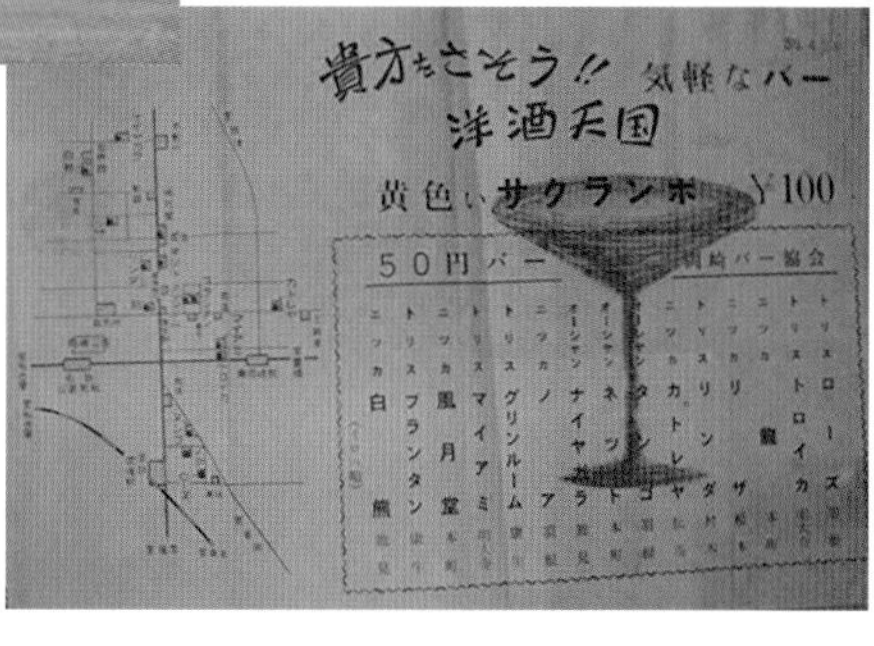

「五十円バー」のチラシ
松井洋一郎氏蔵

【岡崎】西三河ナンバーワンの繁華街——康生通とその界隈

総延長745mのアーケード

東岡崎駅前から「電車通り」を北へ殿橋《とのばし》を渡り、国道1号線を横切ると、ここが岡崎市の中心街・康生通である。記者（前項「名タイ」）は、この中心街には「三つの商店街と三百貨店がある」という。東康生、西康生、本町商店街。三百貨店はタカハシ、タツキ、山澤屋である。「音楽喫茶、レストラン、ダンスホール、パチンコホール、映画館（5館）そして建物もでかい。だがそれにもまして総延長七四五メートルのシルバーアーケードは実にすばらしくまさに県下一」と褒める。康生交差点から西へ向かうと、裁判所を始めとする各種官庁と岡崎公園、さらに田町、板屋町、八帖町、そして矢作橋に至る。東へは伝馬通、中町の繁華街へと向かう。市内のみならず、周辺市町村から訪れる人々も多く、西三河ナンバーワンの繁華街を自負していた。康生東、康生西、本町、連尺通、伝馬通、能見町には専門店が多く、頻繁に売り出しがおこなわれた。59年5月には、商店街組合で当時の大スター・フランク永井を岡崎に呼び、買い物客を招待した。また記事には映画館5軒とあるが、実際には康生通界隈まで含めると9軒もあった（『岡崎市戦災復興誌』1951年）。

そんな西三河ナンバーワンの繁華街だが、「しかし夜が悪い。時計も十時をすぎると人足は絶え、ネオンも消えてマチに色気がなくなる」と記者は言う。どうやら、夜が良いのは、康生から本町商店街を北に抜けた能見町、その西隣の松

康生北交差点から西を見る。写真右端は1952年オープンの商業施設（1955年）加藤善啓氏提供（『岡崎市の今昔』から）

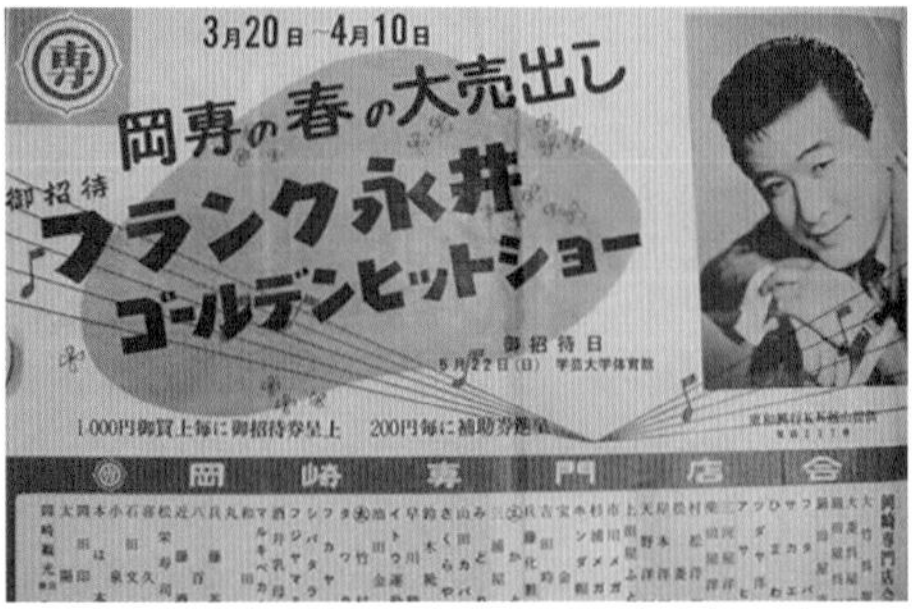

「フランク永井ゴールデンヒットショー」のチラシ
松井洋一郎氏蔵

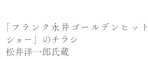

本町である。「松本はマチも色っぽい」と。たしかに今もそんな雰囲気が残る。1957年には「芸者置屋が二十八軒、飲み屋は数えきれないほど」だったという。記者好みの盛り場は、康生通の西、田町、板屋町に及ぶ。とくに板屋町は1990年頃まで粋な屋並みを残していた。

康生通を中心としたこれらの市街地は、岡崎空襲で全焼した。復興には10年余りが費やされた。道路拡張や燃えない都市構想などである。58年には、空襲で全焼した籠田町を公園とし、その入り口に「戦災復興之碑」を建て戦後復興の完了を祝った。

岡崎城再建・岡崎博の開催

昭和30年代は全国的にお城の再建ブームが広がった。戦後復興を果たした岡崎市民も、今度は精神的な復興（アイディンティティ）を岡崎城再建に求めた。「中日新聞」で山岡荘八の『徳川家康』の新聞連載が始まったのもこの頃、否が応でも再建気分は高まり、1959年4月、遂に念願の岡崎城（鉄筋コンクリート造）が再建された。新聞発表によれば、開館よりひと月で実に11万6938人が入場した。

さらに63年4月には、岡崎公園を舞台にして「岡崎博（花と産業科学大博覧会）」が開催された。第1会場は法務関係施設跡（現タワーレジデンス一帯）で、郷土歴史館、電気科学館などの公的パビリオンが、第2会場の岡崎公園グランドでは優良物産展、近代工業館、自動車館などに加え自衛隊の野外展示もおこなわれた。第3会場は岡崎城であった。筆者も岡崎博へ何度も足を運んだ。桜と五万石藤の中、連日お祭りのようなうきうきとした気分が漂っていたことを、子ども心に覚えている。（嶋村博）

「岡崎博 会場案内」
岡崎市立中央図書館蔵

再建された岡崎城開館時の入場券
（1959年開館時のもの）松井洋一郎氏蔵

【蒲郡】伊勢湾台風からの復興――西浦温泉「旅館有本」

蒲郡市の西浦温泉は、1953年（昭和28）に開湯した風光明媚な温泉地である。翌年、湯元西浦温泉株式会社が設立され、4軒の温泉旅館が創業。そのひとつ「旅館有本」は、三河湾を望む斜面に多数棟の6階建て客室20室、大浴場を備えて名古屋市職員指定施設になるなど活況を呈した。しかし1959年、伊勢湾台風により被災。被害は甚大であったが修復に努め、営業を再開した。

有本旅館の創業者・有本富夫は戦前、中区・住吉町の名料亭・蔦茂で修業し、1950年、住吉に「割烹有本」を構えた。この店は、天婦羅やうなぎ料理等が人気となり、現「うなぎ有本」の礎となる。そして並行して、「旅館有本」も創業（昭和30～40頃まで経営）。旅館は、富夫が社長（住吉店と兼務）、妻かやが女将となり、長男・勝《まさる》の運転で名古屋から毎日通勤した。（古橋 尚）

「旅館有本」からの眺望

西浦温泉創業期の看板、左端に「旅館有本」の表示

「旅館有本」、半島の斜面に建築が重なるように建てられた。

＊本項の写真・図版はすべて「うなぎ有本」提供

「旅館有本」の大広間

「旅館有本」の客室内部

「旅館有本」の案内パンフレット

伊勢湾台風による「旅館有本」の被害状況

住吉町から西浦温泉「旅館有本」まで出勤する（有本かや（右）と勝（左）、1961年頃の撮影）

【豊橋】

にぎわう豊橋駅前

県下第2の都市

かつて豊橋は、名古屋に次ぐ県下第2の都市として栄えていた。豊橋空襲で焼け野原となった街は、昭和30年代なると復興し、戦前とは変わった新しい街並みができあがった。

街の玄関である豊橋駅は、国鉄の東海道本線、飯田線、二俣線と名鉄が乗り入れるターミナル駅。近くには豊鉄の渥美線、市電の駅もあり、東三河の各市町村や静岡方面から人びとが集まってきた。

日本初の民衆駅の誕生

駅舎は、日本初の民衆駅として1950年（昭和25）に完成した。木造2階建て駅舎の1階に乗降場があり、2階は豊栄《ほうえい》百貨店になっていた。

西上空から駅前をみたようす。右側の広い通りは駅前大通、左側の細い通りは広小路通（1964年頃）

日本初の民衆駅となった豊橋駅（1965年代）

国鉄では昭和40年代まで汽車が走った。

駅から見渡すと、左手には当時一番の繁華街だった広小路通のネオンアーチが豊栄百貨店の左側に見られた。広小路通は商店が建ち並び、アーケードが完備されて600mも続く活気がある商店街であった。右手には、戦後にできた道幅50mの駅前大通があり、銀行や企業が建ち並んだ。この入口部分に豊橋のシンボルとしてそびえ建っていたのが丸物《まるぶつ》百貨店である。

（岩瀬彰利）

広小路通入口に建っていたネオンアーチ（1960年）

駅から広小路通方面をみたようす。中央奥が広小路通入口、右に豊栄百貨店新館（1963年）

駅から駅前大通方面をみたようす。中央手前は噴水塔、右端に丸物百貨店（1963年）

駅前を北からみたようす。市電が通過しているあたりに、かつてあったロータリーの痕跡が残る（1964年頃か）

賑わうときわ通。アーケードが装飾されている（1964年）

【豊橋】市民に愛された丸物百貨店

百貨店といえばココ

豊橋の60代以上の人は、百貨店といえば丸物《まるぶつ》を想い出す。丸物は京都に本店がある百貨店で、豊橋へは1932年（昭和7）に広小路5丁目（現3丁目）へ進出した。開店当時は、地元小売店組合から反対されたが、消費者である市民からは歓迎され、豊橋を代表するデパートとなった。だが、戦時中に建物疎開で店舗は壊されてしまった。

丸物は、戦後の1946年6月に場所を駅前に移転、木造2階建ての店舗で再開した。さらに4年後には鉄筋コンクリート造3階建ての店舗を増築した。以後、増築を繰り返し、この建物はのちに本館と呼ばれた。

映画・ショッピング・大食堂

1966年には、当時豊橋で一番高い13階建ての新館を増築した。このときにつくられた「増築完成ご案内」が豊橋市図書館に所蔵されている。このパンフレットを開くと見開きで完成図があり、階ごとの「売場ご案内」や各売場のイラストが描かれている。

「売場ご案内」の絵を見ていると、当時1階にあったフランス饅頭（丸物まんじゅうとも呼ぶ）をはじめ、4階にはゴジラ映画を上映した丸物会館、5階には映画を鑑賞した人が立ち寄った大食堂があった。また6階には「丸物名物百円均一」とあり、戦前の「十銭均一」の流れをくんでいる。売場案内図を見ていると、当時のことが思い出され、懐かしい気持ちに

駅前の丸物百貨店。左上の黒帯は電光ニュース。屋上に展望台と乗り物があった（1964年）

戦前の丸物百貨店。一部4階建の店舗で、広小路の通り沿いにあった。屋上には動物がいた。

丸物のマッチ。縦型と横型があり、昭和20年代後半～30年代前半（丸山薫コレクション）豊橋市図書館蔵

なる。
　百貨店が憧れだった時代、人びとはオシャレをして出かけたものである。ショッピングをし、映画を見て、大食堂で食事をする。これが丸物での定番のコースであった。人びとの想い出が、丸物には詰まっていたのである。

（岩瀬彰利）

新館増築工事中の丸物百貨店
塔屋棟を建設している（1965 年）

増築完成図（『増築完成ご案内』1966 年）
豊橋市図書館蔵

豊橋博パンフレットに掲載された丸物の広告（『豊橋産業文化大博覧会』1956 年）
豊橋市図書館蔵

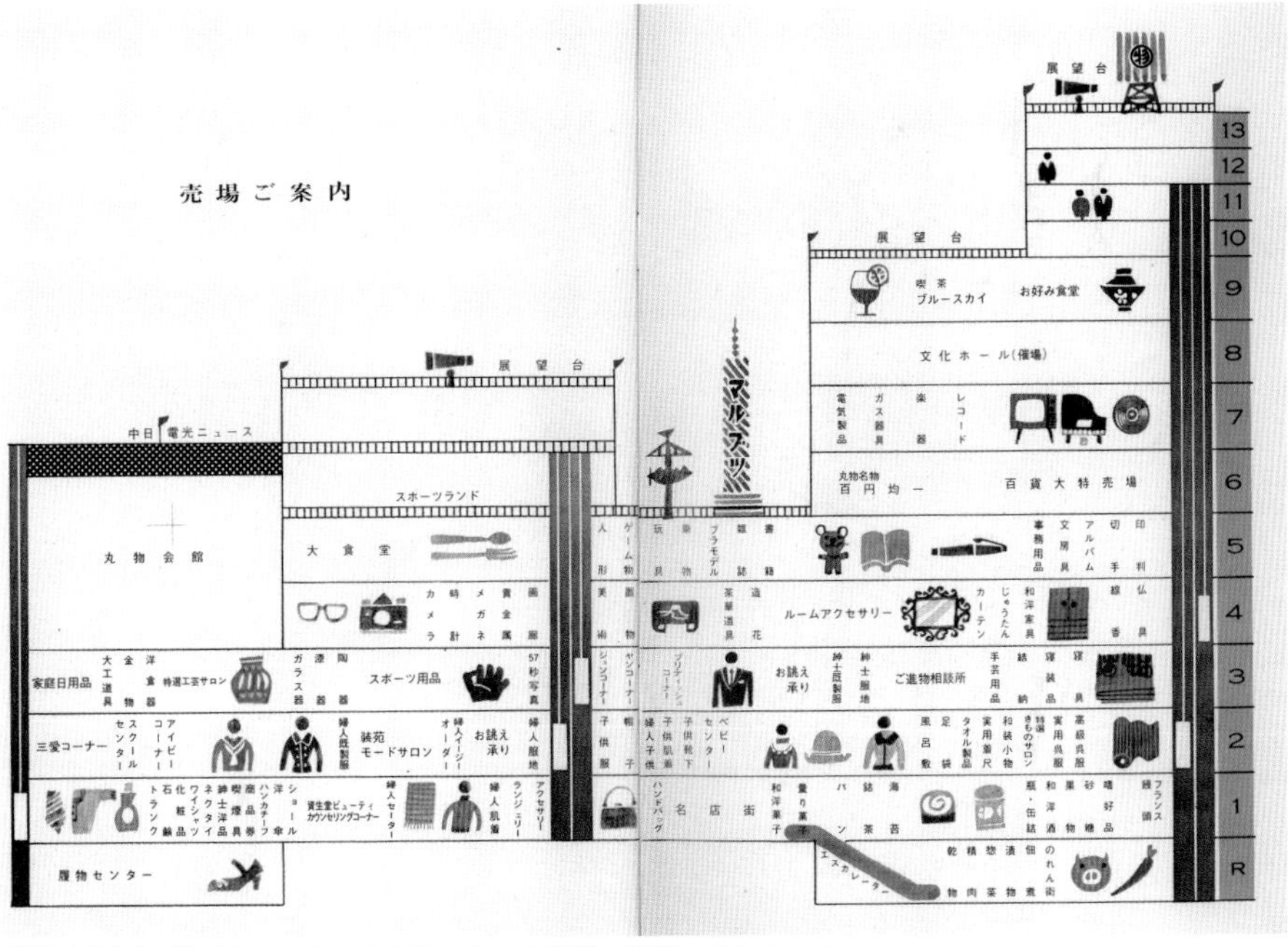

「売場ご案内」 階ごとにイラストを用いながら売場の場所を示している。
（『増築完成ご案内』1966 年）豊橋市図書館蔵

【田原】

渥美線と三河田原駅前の繁栄

渥美線と周辺の町の成り立ち

豊橋鉄道渥美線は新豊橋駅と三河田原駅間の18㎞を結ぶローカル線で、1924年（大正13）に開業した。

渥美線の終着駅である三河田原駅の周辺は現在、商業施設や住宅に囲まれている。また、駅は朝夕を中心に多くの通勤・通学に利用する人たちに利用されている。ただし、駅周辺が「町」になったのはまさに渥美線が開通したことによるもので、海抜2m程度の低地であるこの一帯はそれまで水田地帯だった。元々田原の町は駅から北西に少し離れた微高地に小さく固まっていたが、駅の建設により広がったのである。当時の地方にとって「鉄道が来た」ことのインパクトが大きかったことがわかる。

昭和30年代の三河田原駅

この三河田原駅とその周辺が最も繁栄したのは昭和30年代だろう。当時は人だけでなく、物流の拠点としての役割が大きなものとなっていた。

当時駅員だった方に話を聞いたことがあるが、貨物輸送がとにかく多く、荷捌きや貨車の入替作業が大変だった。時には午前10時ごろから午後9時過ぎまで続き、昼食も取れないような忙しさであったという。輸送したものとしては、当時田原で生産されていたセメント、肥料や飼料、そして駅周辺にいくつもあった工場で作られた水飴などがあった。キャベツや葉たばこなどの農作物も渥美線で運ばれた。半島の先端部で栽培されていた

田原祭りの日の駅前通り（1964年9月中旬、田原市在住の方による撮影）道の両側に商店が並ぶ。木造板張りの家屋ばかりなのがはっきりわかる。

電車到着後の三河田原駅（1954年3月ごろ、鈴木政一氏撮影）当時は現在よりもかなり広い駅舎で、改札口と出札口が違っていた。

＊本項の写真はすべて田原市博物館提供

花は、コモにくるんでオート三輪で田原駅まで運んでいたという。

　田原の町で商売をする人たちも始発の渥美線に乗り込み、豊橋の市場などに買い出しに向かっていた。薬売りなどの行商人も渥美線でやってきては、駅前の宿などを拠点に売り歩いていたという。

駅前の繁栄

　三河田原駅が人や物の集散地となったことから、駅前の商店街は繁栄した。料理屋、旅館、小売りの個人商店などの他、「赤線」（売春宿）もあった。駅前と古い田原の町を結ぶ位置にある上町《うわちょう》通りには、狭い道に商店が軒を連ねていた。

　渥美半島各地から田原駅までの移動や輸送手段としては、既に自動車やオート三輪が登場していたものの、当時はまだまだ牛車が多かった。駅前には牛馬車輸送を担う営業所があり、駅近くに住む人は郊外の桜を見るために牛車を借りていったという。

　また、当時を知る人が決まって話題にするのは駅すぐ横にあった映画館の東英館である。田原にあった数少ない娯楽施設だった。2階は座敷になっていて、座布団代5円で利用できたという。映画館に行った後、商店街をぶらぶら歩きながら帰るのが楽しかったという話を聞いたことがある。

その後の三河田原駅とその周辺

　昭和40年代になると、渥美半島にも自動車が普及するようになり、物資の輸送手段としてはトラックが主流となり、一般の人たちもマイカー移動するようになった。三河田原駅の利用は従来ほどではなくなり、駐車場の少ない駅周辺は利用しづらくなった。一方で、トヨタ自動車を中心とした臨海地帯の工場誘致により、多くの人が田原に移り住んだ。こうしたことに対応するため、田原町（当時）は昭和の終わりごろから市街地再開発をおこない、広い道がつくられるなどして町並みは大きく変わってしまった。

　ただし、現在でも往時を感じる痕跡はところどころに残っている。渥美線に乗って三河田原駅まで来て、町歩きをしながら探してみるのも面白いと思う。

（木村洋介）

上町通り（1955年ごろ、鈴木政一氏撮影）
多くの人が行き交っているのがわかる。
右端のオート三輪が時代を感じさせる。

二七の市（1955年ごろか？　田原市在住の方による撮影）
駅近くの県道では2と7のつく日に市が開かれていた。この市は場所を何度か変えながら現在も継続している。

【渥美】陸軍の射場が豊かな農地へ

軍用地から農地へ

現在の田原市小中山町から西山町を経て伊良湖町にかけて、かつては陸軍伊良湖射場（陸軍技術研究所伊良湖試験場）があった（図1）。

この伊良湖射場の跡地（主に西山地区）は、戦後まもなく農地開発の対象地となり、開拓のため多くの人が入植した（図2）。

西山開拓の始まり

終戦直後の1945年（昭和20）9月、緊急開拓事業の推進が閣議決定され、翌10月に西山地区の開拓が決まった。入植者が募集され、翌年4月から岡崎の追進農場で入植希望者101名の基礎訓練が始まった。5月には、伊良湖開拓増産隊が結成されて、現地に入り、開拓の第一歩が踏み出された。

最初の1カ月は、小中山の旧射場内にある小屋に分宿し、そこから毎日現場まで歩いて通いながら共同開墾をしたが、6月には現場に9棟の簡易小屋を建てて移転。7月になると土地の配分が始まり、いよいよ本格的な個人開墾がおこなわれるようになった（図3）。

11月頃から翌1947年3月にかけて、セット住宅が建設。わずか7～10坪で電気も無い質素な家とはいえ、開拓への夢と希望に満ちた新しいわが家にようやく家族を呼び寄せることができ、一層開墾に力が入っていった。

ちなみに当初の入植者は、外地からの引揚者や帰還軍人、空襲で家を焼かれた人などが

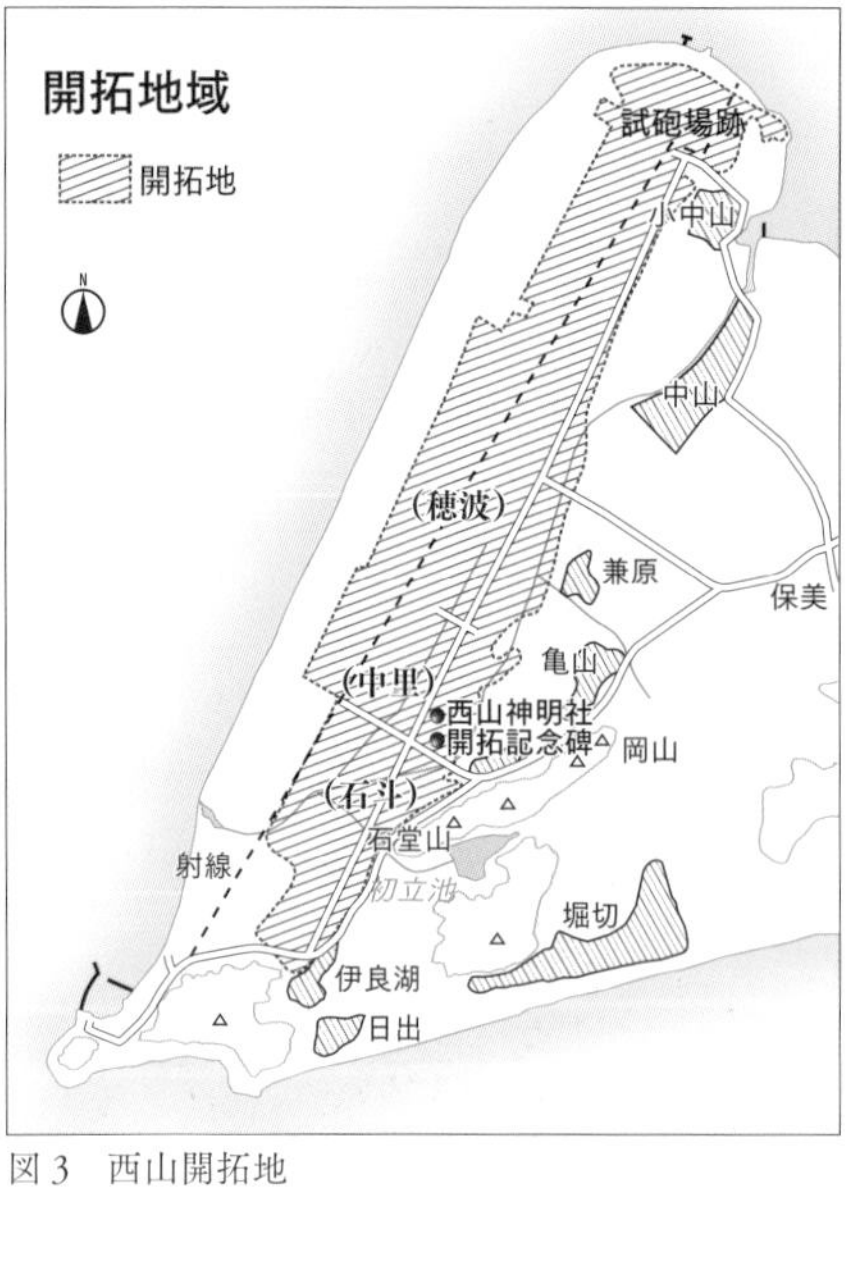

図3　西山開拓地

図1　陸軍伊良湖射場旧景（昭和初期）

図2　広大な西山開拓地（1974年）

多く、地元以外の人が約6割となっていた。

痩せ地を人力で

西山開拓地は、三河湾に面した風の強い所で、小松の生い茂る荒地であった。土壌にあっては、砂や小石の強酸性で、作物が育ちにくく肥料も流れやすい不良土で農地としては最悪、かつ砂地ゆえ水持ちが悪く、干害が深刻だった。しかも終戦直後の物不足で、農具はわずかばかりのクワとスコップだけで、作業はすべて手でおこなうという状況であった。

苦労の末に初収穫した作物は、「らっきょうイモ」といわれるほどの小さなサツマイモ。それでも収穫の喜びをかみ締めたという。

やがて土壌改良が進み、1950年頃になると麦やサツマイモの収穫が安定した。1951年には、重機導入による耕地整理のおかげで排水機能が向上し、徐々に生産量が増大していった（図4、5）。

西山開拓の完成から飛躍へ

最後の入植は、1953年。入植した135戸と地元1000戸の農家の努力により、1956年には、6000町歩（5950ha）の耕地ができて、同年、伊良湖開拓事業は終了した。

その後、1959年の伊勢湾台風などの自然災害に見舞われたが、めげずに前進。1968年には、豊川用水が完成して、これを機に西山の農業は躍進を遂げた。

1973年、開拓の完成を記念する祝賀式を開催（図6）。それからも西山地区の農業は、大きく伸び続け、現在では国内でも有数の優良な作物が収穫できる豊かな農業地帯へと変貌を遂げた（図7）。

（天野敏規）

＊本項の写真はすべて田原市博物館提供

図4　キャベツの定植（西山地区）（昭和40年代）

図5　大根畑とキャベツ畑とはざ掛けが混在する風景（1973年）

図6　開拓記念碑（1973年）

図7　現在の西山開拓地（2021年）左奥に見える赤白の鉄塔付近が伊良湖射場の中心地。

三河幡豆　猿が島　絵はがき

近藤泰泉蔵

第５章

懐かしの昭和

北名古屋市歴史民俗資料館「昭和日常博物館」提供

昭和30年代の旅行

ビジネス特急こだま号公開
（名古屋駅、1958年9月）

高原列車
（小海線野辺山駅、1955年10月）

人気の駅弁は買うのも大変

昭和30年代になると京都などの駅付近で握り飯を求めるホームレスにまとわりつかれることもなくなり、旅行に出かける余裕も出てきた。

宿代は千円ほどであり、学生割引を使えば国鉄（現ＪＲ）の北海道周遊券（1ヵ月有効）も5千円くらいであった。国鉄全線の乗車を目指した学生もおり、切符に途中下車印をおしてもらうこともはやっていた。切符に途中下車印や駅ごとにある記念スタンプを押すため列車が停車するたびに改札口へ走る人がいた。

人気の駅弁は買う人の列ができて駅弁売りが釣銭を渡すため動き出した列車を追いかける姿もみられた。土産は東北はコケシが定番であったが、名物の釜めしやお茶の土瓶を土産にすることもあった。

駅には客引きがおり、団体で交渉して3食（昼飯は握り飯）付460円で泊まったことがある。

ビジネス特急「こだま号」

特急は料金も高く、貧乏学生には無縁で、北海道へ行くときも敦賀から青森まで18時間を要する急行「日本海」を利用していた。宿代を節約するため夜行列車や駅の待合室を利用することが多かった。ほとんどの列車は蒸気機関車が牽引していたが、冷房がないため夏は窓を開けていて、トンネルに入るたびに「ボーッ」という合図の汽笛で窓をしめていたが、目に石炭の粉が入ることも多かった。下車駅で顔を洗うとタオルが黒くな

伊良湖へのバス旅行
（田原市江比間町、1957 年 11 月）

東海道線の夜行列車内（1964 年 8 月）

つばめ展望車（豊橋駅、1959 年 5 月）

浅間山山麓（信越線御田代田付近、1955 年 10 月）

旅館では荷物にタグをつけてくれた（1957 年 7 月）

り、名古屋駅には風呂屋があった。

新幹線開通前の1958年（昭和33）に走りだしたビジネス特急「こだま号」は本数が少なく、席が取れないことも多く、東京までの4時間半をビュッフェでビール1本で過ごした経験がある。

冬のスキーには夜行列車で長野県に行く人が多く、座席の下で寝る人もいた。名古屋駅ではコンコースがスキー客で埋め尽くされ、関西からの大勢の人が乗り換えるため走る姿もみられた。

観光地ではバス旅行が便利になっていたが、東海道は道が狭く、道ばたの家屋の屋根すれすれで通るところが残っていた。

道が悪いため、前のトラックから落ちた荷物で急停車したこともあり、紀勢線は全通しておらず、バス区間にあった矢ノ川《やのこ》峠ではエンジンがオーバーヒートして運転手が乗客を残したままバケツを持って下の谷川まで水を汲みに降りて行き、驚いた。現在は、不採算で廃止された鉄道やバスが多くなり、当時より不便になった感じがある。（伊東重光）

路地で遊ぶ子どもたち(北区山田西町3、1957年12月)

路地で遊ぶ子どもたち(北区山田西町3、1957年12月)

昭和30年代の子どもの遊び

子どもたちはどこの路地にもいた

昭和30年代はどこの路地にも子供が遊ぶ姿があり、車が少ない大通りの真ん中で野球もできた(狭いので内野が扇型の三角ベース)。グローブは、雑誌の付録にあった型紙で親に作ってもらった布製であった。幼少期には兄弟や親と折り紙・おはじき・ままごとなどで遊び、友達と鬼ごっこ・かくれんぼなどをしたが、学年が進むと男女別の遊びに変わり、男の子は相撲や馬跳び・缶蹴り・竹馬・コマ回し・メンコ・ビー玉などで遊び、チャンバラや戦争ごっこは姿を消し、西部劇のまねごとで、暗くなってコウモリが飛び回るまで帰らないことも多かった。女の子は、お手玉・まりつき・なわ跳びゴム跳びなどを楽しんでいたが、男の子顔負けの勇ましい子もいた。祭りでは輪投げなどで景品をもらうこともあった。フラフープやホッピングなどの遊びがブームになったことがあるが、比較的短期間であった。

当時は、学校には住み込みの用務員(校番)さんがいたためか休日や放課後にも校庭を利用できた。市内にもあちこちに田畑があり、自然は身近な存在であり、寺や神社では木登りしたりセミなどを捕らえ、田舎へ行って芋掘りや魚をとったが、川ではヒルになやまされた。

遠くへ行くときも徒歩か自転車

「サザエさん」の人気が高かったし、少年・少女雑誌を付録目当てで買う子もいた。発売日が次第に

路地で遊ぶ子どもたち（北区山田西町3、1957年12月）

お寺の境内で遊ぶ子ども（南設楽郡作手村／新城市、1962年8月）

道端で魚捕り（尾張旭市旭ヶ丘付近、1958年9月）

早くなり新年号の次に正月号が出たこともある。雨の時は家で雑誌の付録のゲームなどで遊び、トランプは「七ならべ」や「ババ抜き」、百人一首は「坊主めくり」が中心であった。

大人相手に碁や将棋をする子もいたが、多くは「積み将棋」「ハサミ将棋」「五目ならべ」で遊んでいた。ソロバン塾でのピンポンも楽しい思い出である。

飛行機や凧を竹や紙で作ったが、バランス良くできず、墜落したり空でぐるぐるまわることも多かった。ラジオや電車の組みたてが得意な中学生もいた。

映画は二本立てや三本立てが普通であった。野球選手のブロマイドや野球カード集めに熱中する子もおり、「いもあめ」やアイスキャンデーも懐かしく思い出される。動物園や中日球場、金山体育館の相撲、白川公園のサーカスも記憶に残っているが、遠くへ行くときも徒歩や自転車が多かった。

海水浴は知多に行くことが多かった。デパートめぐりは退屈であったが食堂のカレーライスにつられて付き合わされた。ソロバン塾の近くで紙芝居のおじさんの自転車が来るのを待つのが日課のようになっていた。

その後、テレビで力道山が人気になったが、紙芝居も映画もなくなり、戸外で遊ぶ子供も消えてしまった。（伊東重光）

名鉄の沿線案内図
▶印は海水浴場

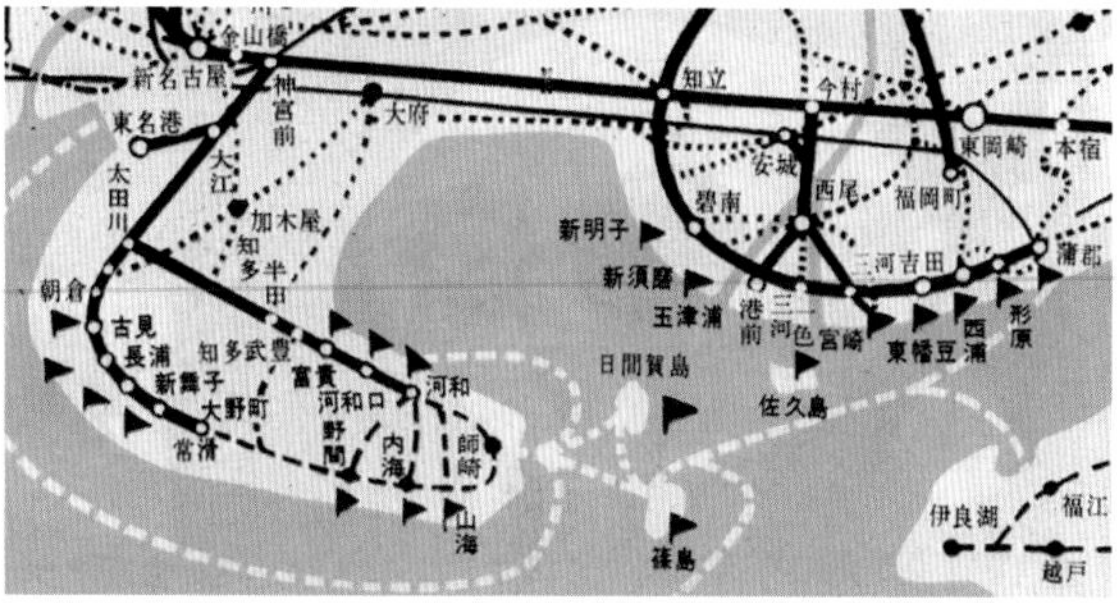

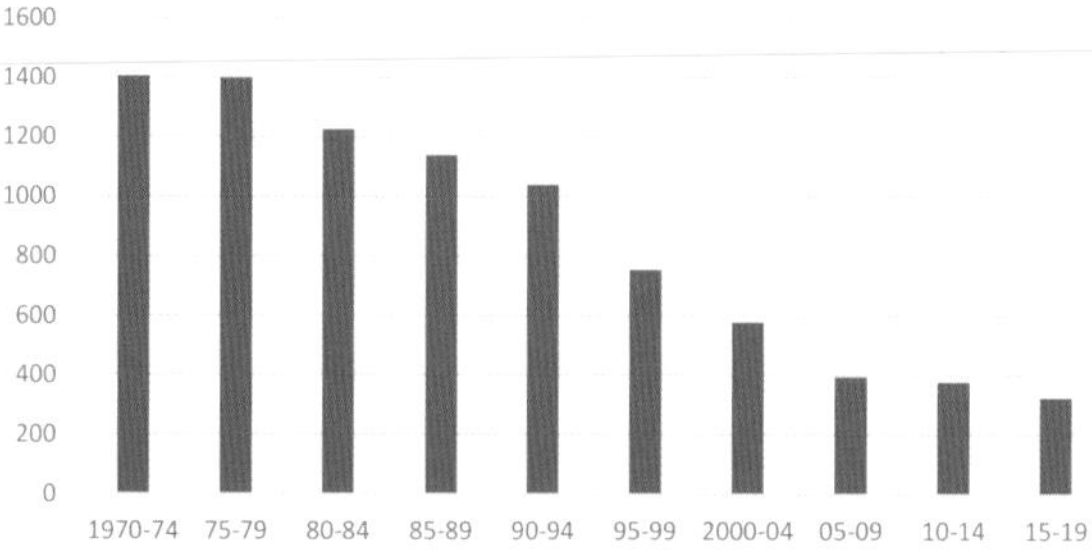

内海の海水浴客の推移（単位：千人）（「南知多の観光」から）

夏のレジャーといえば海水浴だった

かつて夏のレジャーの王様は海水浴であった。私の夏の思い出は内海での海水浴で、友人と共に毎年通っていた。当時は河和まで名鉄電車で行き、そこから知多バスに乗り換えた。1980年内海まで電車が開通し、直通できるようになる。内海には会社が契約した民宿なども多かった。

しかし海水浴の人気は次第に低下していった。東海地方随一の内海の海水浴客数は上のグラフの通りである。海水浴客の推移を5年間平均でみると、1995年まではほぼ100万人を保っていたが、以降は漸減し近年は20～40万人まで下落している。2020年は19万4000人（「南知多の観光」）。

全国的にみても海水浴客は減少している。1982年3540万人いたが、2019年には630万人（17・7％）となっている（『レジャー白書』）。

海水浴場も減少していった。1955年頃の名鉄沿線の海水浴場の案内図を見ると、知多半島と篠島・日間賀島で12カ所、三河湾沿いと佐久島で9カ所の計21カ所海水浴場がある。この内現在も海水浴客を集めているのは7カ所に留まる（大野・内海・山海・篠島・日間賀島・宮崎・西浦、「観光レクリエーション利用者統計」）。

変貌激しい西三河の海水浴場

ことに西三河の海水浴場は壊滅状態に近い。衣浦湾に面した碧南市は1914年開設の新須磨海水浴場をはじめとして玉津浦・新明

新舞子海水浴場（『名古屋鉄道社史』から）

長浦海水浴場。中央に名物のタコが見える。
（『名古屋鉄道社史』から）

砂の芸術コンクール（内海）
（『名古屋鉄道社史』から）

玉津浦の共同シャワー。このシャワーは大浜熊野大神社の松林の中に残されている。
（『名古屋鉄道社史』から）

石と三つの海水浴場を有していた（新須磨・新明石は関西の著名な海水浴場名にあやかる）。遠浅で白砂青松の海岸は家族連れに格好の海水浴場として賑わった。最寄り駅として「新須磨」、「玉津浦」の駅も設けられ、遠方からの客も集めた。玉津浦には日赤大浜児童保養所が開設され、小学生の私は一宮から参加した思い出がある。

しかしこれらの海岸は埋め立てられ、現在は臨海工業地帯となっている。その代償として1974年「衣浦マンモスプール」がオープンした。1日1万人を収容できるという造波プールやウォータースライダーなどの施設を備えたが、老朽化や利用者の減少により2003年閉鎖された。

全国的にも「世界最大の室内ウォーターパーク」としてギネスに登録された宮崎シーガイアのオーシャンドームをはじめ大規模プールの閉鎖が相次いでいる。サンビーチ日光川（名古屋市営）は2021年度末で閉鎖される。数は少なくなったが、自然の砂浜で波に戯れる海水浴の魅力がもう一度見直されるべきであろう。

（松永直幸）

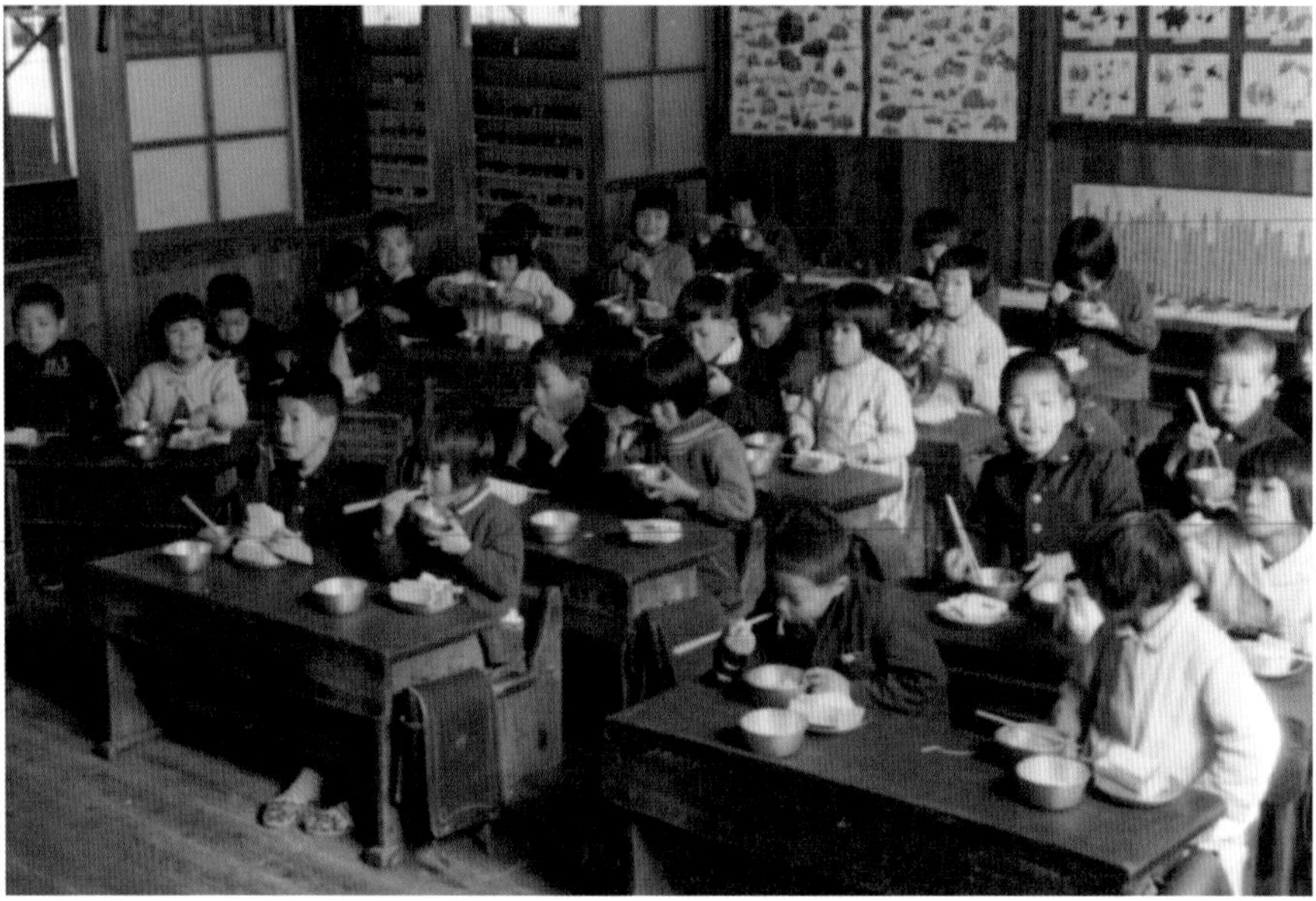

給食風景。アルマイト製の食器で主食はパンだった（1960 年）

給食の思い出

昭和30年代の給食の思い出を尋ねると、必ず脱脂粉乳と鯨肉が登場する。

脱脂粉乳は、その字面の通り、脂肪分をほぼ完全に抜き取った牛乳を粉末にしたもので、それをお湯で溶いたものが、アルミやアルマイト製の容器で配膳された。

昭和30年代半ばごろの給食献立予定表が残されている。西春日井郡師勝町の師勝小学校で当時配布されたものである。右が1月分で、左が2月分である。

ここで、実際の献立表から鯨肉の献立をピックアップしてみる。1月分は献立16回のうち2回、「鯨のこはく揚げ」と「鯨肉のマリアナソース煮」である。2月分では、20回のうち3回、「こはく揚げ」「鯨のべっ甲煮」「鯨のつくだ煮」である。

「鯨のたつた揚げ」をよく食べたという話をうかがうが、献立表で、こはく揚げの材料をみると「でんぷん」とあるので、これが、たつた揚げだったようだ。（市橋芳則）

給食風景（1960 年）

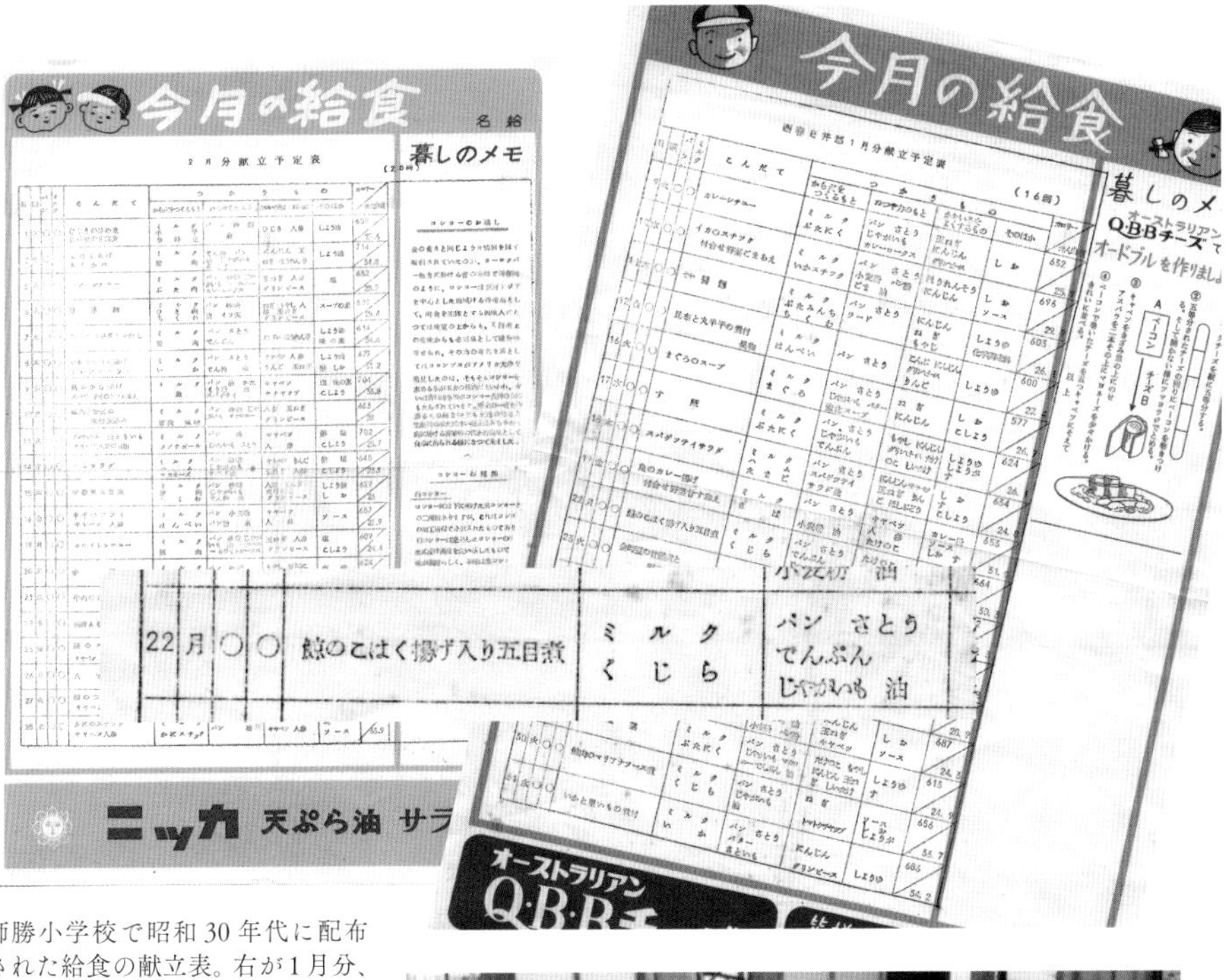

師勝小学校で昭和30年代に配布された給食の献立表。右が1月分、左が2月分。

給食の配膳風景。三角巾とエプロンを身につけて配膳する生徒たち（1960年）

給食で使われたアルミやアルマイト製食器

＊本項の写真はすべて北名古屋市歴史民俗資料館「昭和日常博物館」提供

博物館に再現された駄菓子屋。駄菓子屋は、おもちゃや文具も商い、なかにはたばこ屋を兼業している店も多かった。

懐かしさの象徴ともいえる駄菓子屋

以前は、小学校の校区内に2、3軒の駄菓子屋があった。子どもたちが、こづかいを持って集まってくる場所である。駄菓子はもちろん、面子、ビー玉、おはじき、こま、たこなどのおもちゃから、鉛筆、消しゴム、下敷きなどの基本的な文房具なども商っていた。特に、「当てモノ」と呼ばれた「くじ」に人気があり、特賞、1等、2等のおもちゃを目指して小学生が集まってきた。

駄菓子屋といっても、店によってさまざまな形態をとっており、お菓子専門、おもちゃ専門、酒屋やたばこ屋が兼ねている場合も多い。なかには、夏休み中や、お祭りなどの時だけ駄菓子屋に変貌する民家もあった。

蓋が開閉する「出し子」と呼ばれるガラスのケースには、麩菓子、カステラ、あられ、豆菓子などの伝統的なお菓子から、粉末ジュース、ゼリービーンズ、ラムネまでさまざまなお菓子が収められていた。（市橋芳則）

駄菓子屋には、10円程度で買えるようなおもちゃが所狭しと並べられている（博物館の再現展示）

昭和30年代の駄菓子屋。出し子に収められた菓子を量り売りしていた。

駄菓子屋店頭にあった縁台。

駄菓子屋店頭（博物館の再現展示）

駄菓子屋で使われていたかき氷機（博物館の再現展示）

＊本項の写真はすべて北名古屋市歴史民俗資料館「昭和日常博物館」提供

名鉄百貨店（絵はがき「全館完成後の威容」部分）1954年

懐かしの百貨店包装紙

1954年（昭和29）12月1日の名古屋鉄道・新名古屋駅の完成と名鉄百貨店の一部開業を記念して発行された絵はがきが残されている。絵はがきは3枚セットになっており、そのうちの1枚が「全館完成後の威容」という完成予定のスケッチである。

名鉄百貨店は1954年、4階建てで営業を始めた。その後、増築を重ね、1957年には地上10階建てのビルとなった。

百貨店といえば、懐かしさを覚えるのが包装紙である。包装紙は、単に物を包み保護するだけでなく、広告としての重要な役割を担っている。買い物を済ませて電車などに乗り込み家路につく、その道のりで消費者が広告を持ち歩いていることになるからだ。

その百貨店の包装紙でくるまれた大きな箱、持つ部分には木製のつり手が付けられていた。

（市橋芳則）

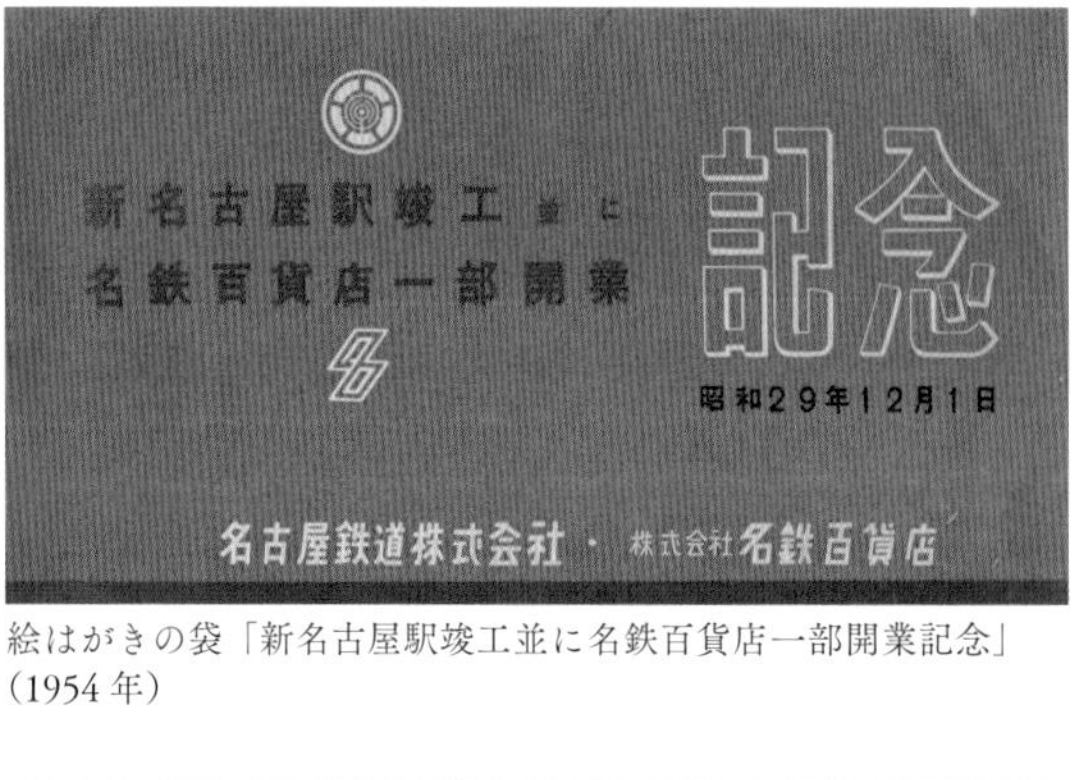

絵はがきの袋「新名古屋駅竣工並に名鉄百貨店一部開業記念」（1954年）

さまざまな包装紙

名鉄百貨店の包装紙

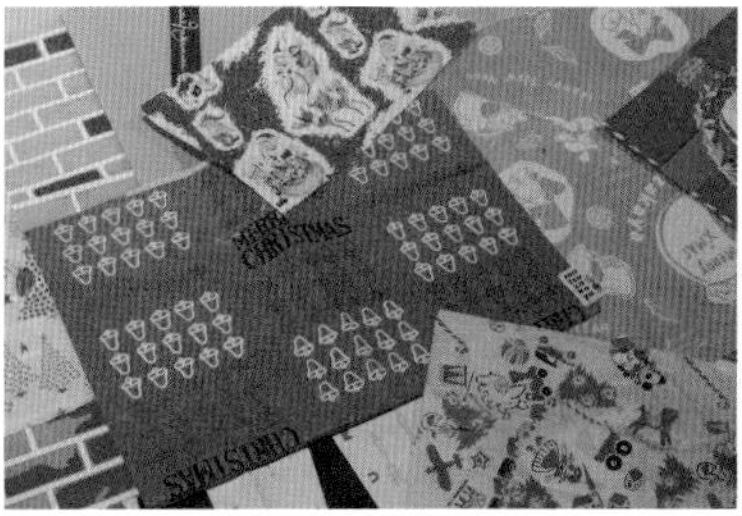

クリスマス用の包装紙

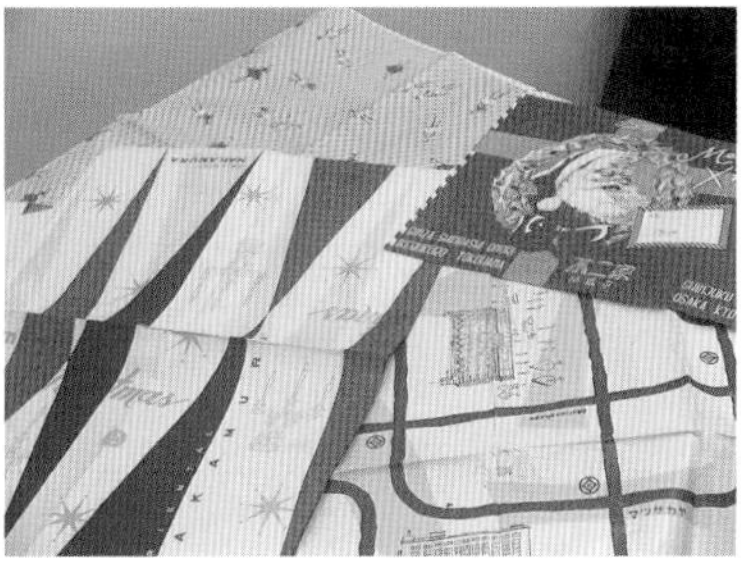
クリスマス用の包装紙

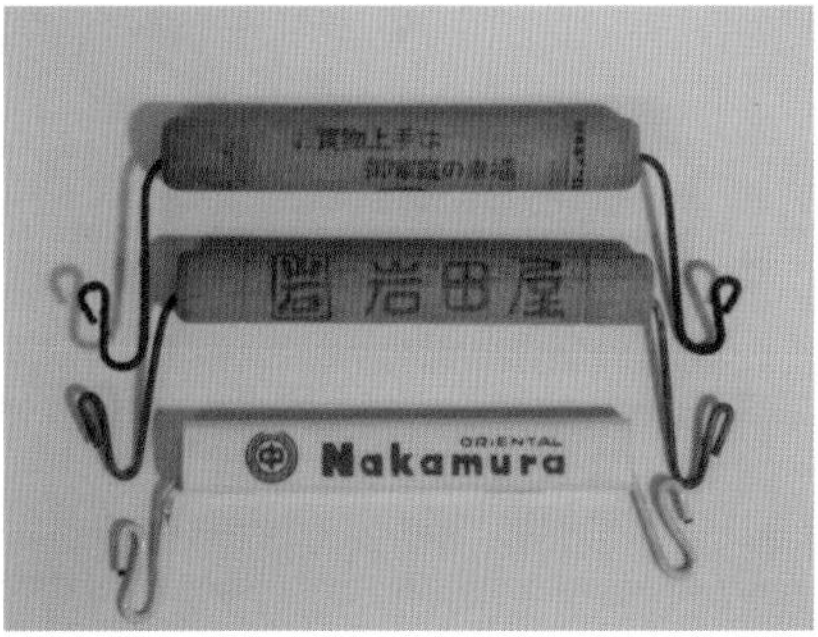

百貨店の広告が入っているつり手

＊本項の写真はすべて北名古屋市歴史民俗資料館「昭和日常博物館」提供

さまざまな企業が自社アピールの広告としてホーロー看板を作っていた。文字だけでなく、形も商品を表現している。

昭和の風景を彩ったホーロー看板

ホーローは、風呂の湯船や鍋などにも使われているように、耐水性に優れ、錆にも強く風雨にさらされる看板の素材としては申し分ないものである。その耐久力は、大正時代や昭和初期に貼られた看板が、つい最近まで現役だったことからもわかる。まさに、昭和の風景の深みを添え、歴史を感じさせるものといえる。

ホーロー看板には、電車や車の車窓からも一見して宣伝文句がわかるような大きなものと、商店の壁や、軒先、電信柱などに貼られた小ぶりなものがある。いずれも、コントラストの強い、はっきりとした色、文字で書かれ、商品をアピールしていた。

昭和の風景の象徴として街中に溢れていたホーロー看板の色合い

雑貨屋の店先には食品関係の、自転車屋には自転車、オートバイ、タイヤなど、関連する看板が貼られていた（博物館の再現展示）

や文字の形は、宣伝という本来の役割以上に、昭和の風景に欠かせない役割を担っていたようだ。最近では、ホーロー看板を見かけることはほとんどなくなった。

（市橋芳則）

＊本項の写真はすべて北名古屋市歴史民俗資料館「昭和日常博物館」提供

昭和日常博物館

北名古屋市歴史民俗資料館は、1990 年に開館。その名のとおり、縄文時代から始まる地域の歴史、明治時代から昭和時代における生業、慣習など民俗に関する資料収集と展示をおこなう施設として開館した。開館３年後から、こうした資料に加え、昭和時代の生活資料、主に昭和 30 年代を中心としたコレクションの構築に動き出した。

昭和時代は 60 年余り、前半と後半では生活様式が激変する。昭和 30 年代には、三種の神器と呼ばれるテレビ、冷蔵庫、洗濯機が登場し普及していった。昭和日常博物館では、昭和時代の暮らしの激変ぶりをモノで残し記録し、活用していくという試みを展開し「昭和日常博物館」という別名を冠している。

館内には、昭和の暮らしで使われた電化製品などの道具や菓子・食品などのパッケージが展示され、こうした過去に実際使ったり食べたりしたモノを見ると、自然に当時のキオクがよみがえり、その思い出を語らずにはいられなくなる。家族、友だちなど楽しげな表情で語り合う姿をよく見かける場となった。

来館者が最初に目にする昭和時代の情景展示

北名古屋市歴史民俗資料館／昭和日常博物館

住所◉〒 481-8588　北名古屋市熊之庄御榊 53
開館時間◉ 9:00 ～ 17:00
休館日◉毎週月曜日（ただし祝日のときは開館し、その日後の最初の休日でない日）／館内整理日（毎月末日、ただし日曜日または月曜日のときは、その日後の最初の休日または休館日でない日）／特別整理期間／年末年始
交通◉名鉄名古屋駅から犬山線で西春駅下車（徒歩 25 分）
電話◉ 0568-25-3600
ウェブサイト◉ https://www.city.kitanagoya.lg.jp/rekimin/

参考文献

＊名古屋市や愛知県の市史・県史など基本的な歴史的史料は省いた。

愛知県小中学校長会編『遠足　指導の手引』愛知県教育振興会、１９５５年
朝日新聞社編『名古屋』１９５９年
雨宮育作先生記念事業実行委員会『雨宮先生を偲びて』１９８５年
稲垣満一郎（稲垣有）『風流漫筆 知多めぐ里』名古屋鉄道、１９３７年
大場修編著『占領下日本の地方都市―接収された住宅・建築と都市空間』思文閣出版、２０２１年
宮内庁『昭和天皇実録』第十一、東京書籍、２０１７年
小出種彦『黒い煙と白い河―山城柳平と瀬戸の人形』貿易之日本社、１９５９年
小出種彦『茶わんや水保』水野保一伝記編纂委員会、１９６４年
澤宮優『集団就職―高度経済成長を支えた金の卵たち』弦書房、２０１７年
紫水会編『東京大学農学部水産学科の五十年』創立五十周年記念会、１９６０年
嶋村博 監修『岡崎市の今昔』樹林舎、２０２０年
社史編纂委員会『日々前進―ドミー90年史』ドミー、２００３年
重網伯明『土木技師・田淵寿郎の生涯』あるむ、２０１０年
新建築社編集部編『新建築詳細圖集』１９３９年
せとものフェスタ97’実行委員会「世界へ夢を贈るやきもの　セト・ノベルティ」１９９７年
戦災復興誌編纂委員『戦災復興誌』名古屋市計画局、１９８４年
滝正男「大正12年より昭和5年の間における名古屋近郊の野球場の建設」、「中京大学教養論叢」第32巻第1号、中京大学、１９９１年
田淵寿郎『或る土木技師の半自叙伝』中部経済連合会、１９６２年
千葉健治編『東京大学農学部水産実験所の五十年』東京大学農学部附属水産実験所、１９８６年
中部建設協会『名古屋の町づくり　田淵寿郎氏の足跡』中部建設協会、２００３年
名古屋港開港百年史編さん委員会『名古屋港開港１００年史』、名古屋港管理組合、２００８年
名古屋港管理組合『名古屋港』１９６２年
名古屋港開港百年史編さん委員会『百年百景　名古屋港開港１００周年記念写真集』、名古屋港管理組合、２００７年
名古屋タイムズ・アーカイブス委員会編『名タイ昭和文庫２　大須レトロ』樹林舎、２０１０年
名古屋鉄道社史編纂委員会『名古屋鉄道社史』１９６１年
日本国有鉄道名古屋幹線工事局編『東海道新幹線工事誌』日本国有鉄道岐阜工事局、１９６５年
三山沙織「幻の野球場―愛知の野球文化」、愛知県立大学歴史文化の会『大学的愛知ガイド―こだわりの歩き方』昭和堂、２０１４年
町田忍『町田忍の銭湯パラダイス』山と溪谷社、２０２１年
山田秋衛／市稿鐸編『名古屋市平和公園墓地名家録』名古屋市戦災復興墓地整理委員会、１９５６年
『レジャー白書』編集・刊行は余暇開発センター、自由時間デザイン協会、社会経済生産性本部、日本生産性本部の順に変わる、１９８３年〜

＊

「愛知県の入浴料金と銭湯軒数の変遷」愛知県浴場組合
「一般公衆浴場軒数」、厚生労働省「衛生行政報告例」より
「科學知識」科學知識普及會、１９３８年２月号
「採集と飼育」内田老鶴圃、１９３９年８月号
「久屋大通にエンゼル球場」「中日新聞」２００９年２月８日
「名古屋市都市計画情報提供サービス」名古屋市住宅都市局都市計画課

おわりに

「ガチャマン」に誘発されて、執筆者の皆さんが自信をもって紹介してくださった昭和30年代のキイワードを拾い上げてみた。交通・乗物では、新幹線と名神高速度道路が華々しく登場したが、名古屋市内でも100m道路ができ、オートバイ、オート三輪、ちんちん電車、花電車が町を賑わせた。施設としてはテレビ塔、オリエンタル中村をはじめとする百貨店、アーケード、ダンスホール、キャバレー、パチンコ、ジャズ喫茶、銭湯が人を集め、子供たちは鬼ごっこ、かくれんぼ、缶蹴り、フラフープで暗くなるまで遊んだ。食べ物に目をやると、駅弁、寿がきやスーチャン、とんかつ、しゃぶしゃぶ、スイカが美味しかった。集団就職で繊維、瀬戸物の町は他県からの若者で活気を帯びた。

これらを語る際の豊富な写真が随所にちりばめられているので、読者の多くは、私もここに行ったことがある、見たことがある、と臨場感をもってその世界に入っていけたであろう。中川区の田舎に住んでいた私は下之一色電車の荒子駅から尾頭橋に向かい、高校に通い、繁

名古屋港（「大名古屋」絵はがきから）近藤泰泉氏蔵

華街に出かけた。その荒子駅の当時の写真が出ており、駅前の中西屋でパンや駄菓子をよく買っていたことを思い出した。またデパートへ出かける目的は屋上にある遊園地にあったので、それらの写真を見て子ども時代に帰った思いがした。

本書編集中の2021年初秋に入っても、コロナ禍で外出禁止を余儀なくされているが、本書で多数紹介されている画面からはみ出すほどの人であふれた写真を見て、一刻も早く昭和30年代の密で活気あふれる世界に戻りたいと思った。

溝口常俊

東山動物園（「大名古屋」絵はがきから）近藤泰泉氏蔵

［著者紹介］（50 音順）

朝井佐智子（あさい・さちこ）愛知淑徳大学非常勤講師

天野敏規（あまの・としき）田原市博物館学芸員（副館長）

石田正治（いしだ・しょうじ）中部産業遺産研究会

市橋芳則（いちはし・よしのり）北名古屋市歴史民俗資料館「昭和日常博物館」館長

伊東重光（いとう・しげみつ）守山郷土史研究会会員

岩瀬彰利（いわせ・あきとし）豊橋市図書館主幹学芸員（副館長）

大澤和宏（おおさわ・かずひろ）名古屋テレビ塔株式会社代表取締役社長

大橋公雄（おおはし・ただし）中部産業遺産研究会

加藤善久（かとう・よしひさ）筒井町町内会長

加美秀樹（かみ・ひでき）文筆家・写真家・美術家

菊池満雄（きくち・みつお）J.フロントリテイリング史料館フェロー

木村洋介（きむら・ようすけ）田原市博物館学芸員

小出朝生（こいで・あさお）手の仕事社

小林貞弘（こばやし・さだひろ）河合文化教育研究所研究員

駒田匡紀（こまだ・まさき）写真家

近藤 順（こんどう・じゅん）自然誌古典文庫主宰

近藤泰泉（こんどう・たいせん）名古屋歴史くらぶ主宰

榊原 剛（さかきばら・つよし）郷土史家、元愛知大学、中部大学講師

嶋村 博（しまむら・ひろし）岡崎地方史研究会会長

園田俊介（そのだ・しゅんすけ）津島市立図書館館長

高橋洋充（たかはし・ひろみつ）豊橋市二川宿本陣資料館学芸専門員

寺沢安正（てらざわ・やすまさ）中部産業遺産研究会顧問

冨成一也（とみなり・かずや）名古屋郷土二輪館館主

長坂英生（ながさか・ひでお）名古屋タイムズアーカイブス委員会

中村儀朋（なかむら・よしとも）瀬戸ノベルティ文化保存研究会代表

服部重敬（はっとり・しげのり）NPO 法人名古屋レール・アーカイブス理事長

深田正雄（ふかだ・まさお）料亭つたも会長

深谷 篤（ふかや・あつし）大高歴史の会会員

古橋 尚（ふるはし・たかし）陶芸家・郷土史家

松井直樹（まつい・なおき）元西尾市岩瀬文庫長

松永直幸（まつなが・なおゆき）鉄道史学会会員

豆田誠路（まめた・せいじ）碧南市教育委員会文化財課学芸員

宮川充史（みやがわ・たかし）一宮市尾西歴史民俗資料館学芸員

村瀬良太（むらせ・りょうた）建築史家

森 靖雄（もり・やすお）愛知東邦大学地域創造研究所顧問

山本耕一（やまもと・こういち）野外活動研究会会員

［編著者紹介］
溝口常俊（みぞぐち・つねとし）
1948年、名古屋市生まれ。1979年、名古屋大学大学院文学研究科博士課程単位取得退学。現在、名古屋大学名誉教授。専門は歴史地理学、地域環境史、南アジア地域論。博士（文学）
主な著書・論文に『日本近世・近代の畑作地域史研究』（名古屋大学出版会）、『歴史と環境―歴史地理学の可能性を探る』（編著、花書院）、『古地図で楽しむなごや今昔』（編著）、『明治・大正・昭和　名古屋地図さんぽ』（監修）、『古地図で楽しむ尾張』（編著）、『名古屋の江戸を歩く』（編著）、『名古屋の明治を歩く』（編著）、『名古屋ご近所さんぽ』（編著、以上 風媒社）などがある。

装幀／三矢千穂

＊カバー図版／表：上「大名古屋」絵はがきから、近藤泰泉氏蔵
下　犬山遊園地絵はがきから、本田祐司氏蔵
裏：「名古屋アイスパレス」開業時の写真（納屋橋、1953年）青山眞吾氏蔵

愛知の昭和30年代を歩く

2021年12月30日　第1刷発行　（定価はカバーに表示してあります）

編著者　溝口 常俊
発行者　山口 章

発行所　名古屋市中区大須1丁目16番29号
電話 052-218-7808　FAX052-218-7709
http://www.fubaisha.com/
風媒社

乱丁・落丁本はお取り替えいたします。　＊印刷・製本／シナノパブリッシングプレス
ISBN978-4-8331-4294-6